四部要籍選刊·經部　蔣鵬翔 主編

阮刻儀禮注疏

四

〔清〕阮元 校刻

浙江大學出版社

本册目録

儀禮疏卷第二十

唐朝散大夫行大學博士弘文館學士臣賈公彥等撰

夫人使下大夫勞以二竹簋方玄被纁裏有蓋竹簋方者器名也以竹爲之狀如簋而方如今寒具筥筥者圜此方耳

〔疏〕○夫人至有蓋○注竹簋至方耳○釋曰自此盡以賓入論夫人勞賓之事夫人勞使下大夫者降于君故不使卿凡簋皆用木而圓受斗二升此則用竹而方故云如簋而方受斗二升則同如今寒具筥者寒具若籩人先鄭云朝事謂清朝未食先進寒具口實之籩實以冬食故謂之寒具筥圓此方者方圓不同爲異也案玉人云案十有二。棗栗十有二列諸侯純九大夫純五夫人以勞諸侯彼有玉案者謂王后法有玉案并有竹簋以盛棗栗故彼引此爲證此諸侯夫人勞卿大夫故無案直有竹簋以盛棗栗

其實棗蒸栗擇兼執之以進兼猶兩也右手執棗左手執栗

〔疏〕其實至以進○注兼猶至執栗○釋曰云兼猶兩者謂一人執兩事知右手執棗左手執栗者見下文云賓受棗大夫二

手授栗則大夫先度右手乃以左手共授栗便也明知右手執棗可知必用右手執棗先度之者鄭注士虞禮云棗美故用右手執棗也

賓受棗大夫二手授栗受授不游手慎之也【疏】注受授至之也○釋曰初兩手俱用既受棗不共授栗游暇一手不慎也今右手授棗訖即共授栗不游手爲謹慎也

賓之受如初禮如卿勞之儀儐之如初下大夫勞者遂以賓入出以束錦授從者因東面釋辭請道之以入然則賓送不拜【疏】儐之至賓入○注出以至不拜○釋曰云出以束錦授從者因東面釋辭請導之者儐下大夫如前有束錦則此大夫亦受得束錦經言遂以賓入明知有辭請導之雖無文鄭以意言之大夫在西明出時授東錦與已從者乃得因東面釋請導之辭也云然則賓送不拜者以其云遂以賓入即從之明賓送不拜謂若公食大夫使人戒賓不拜送遂從之其類也案上君使士請遂以賓入鄭云因導之鄭不言賓送不拜者士請事空手無幣賓亦不儐請導賓賓從入無再拜送之理故鄭不言賓送不拜此大夫勞儐與卿同有拜送之理故云賓送不拜也覲禮大夫勞侯氏侯氏即從大夫入拜送大夫天子使尊故雖從亦拜送

與此異

至于朝主人曰不腆先君之祧既拚以俟矣

賓至外門下大夫入告出釋此辭主人者公也不言公而言主人主人接賓之辭明至欲受之不敢稽賓也腆猶善也遷主所在曰祧周禮天子七廟文武爲祧諸侯五廟則祧始祖也是亦廟也言祧者祧尊而廟親待賓客者上尊者

〔疏〕至于至俟矣○釋曰自此盡俟閒論賓初至主君請行聘禮賓又請俟閒之事云至于朝者鄭云賓至外門者外門即諸侯之外朝故下云以樞造朝亦謂大門外爲外朝也云下大夫入告出釋此辭者此下大夫即夫入勞賓導賓入者也云明至欲受之不敢稽賓案覲禮云侯氏遂從之天子賜舍鄭云且使即安不即言欲受之者彼天子以諸侯爲臣故使且安此鄰國聘賓不臣人之臣故言不敢稽賓也云遷主所在曰祧者此揔解天子諸侯稱祧也云周禮天子七廟文武爲祧者案周禮大宗伯序官守祧職云奄八人鄭注云遠廟曰祧又守祧職云掌守先王先公之廟祧鄭注云廟謂大祖之廟及三昭三穆遷主所藏曰祧先公之遷主藏于后稷之廟先王之遷主藏于文武之廟云奄八人廟有一奄周立七廟通姜嫄廟爲八故奄八人祭法鄭注云祧之言超也超上去意也不毀之也云遷主所藏曰祧天子

有二祧以藏遷主諸侯無二祧遷主藏于大祖廟故此名大祖廟爲祧也云既拚者少儀云埽席前曰拚拚者埽除之名云諸侯五廟王制與祭法文云則祧始祖是亦廟也言祧者祧尊而廟親待賓客者上尊者下文迎賓於大門揖入及廟門受賓聘享皆在廟此云先君之祧明下云廟是大祖廟可知是以於大祖廟受聘享。尊之若饗食則於禰廟燕又在寢禰相親也此鄭義若孔君王肅則以高祖之父及祖爲二祧非鄭義也

賓曰俟閒賓之意不欲奄卒主人也且以道路悠遠欲沐浴齊戒俟閒未敢聞命

【疏】賓曰俟閒○注賓之至聞命○釋曰此鄭以意解之上文以意解主君不欲稽留於賓此經解賓意不欲奄卒主人故云俟閒必知有齊戒沐浴者案玉藻云將適公所宿齊戒沐浴彼謂臣見已君入廟必須齊戒沐浴此有齊戒沐浴可知也云未敢聞命者謂不腆先君之祧既拚以俟之命不敢聞之也

大夫帥至于館卿致館致至也賓至此館主人以上卿禮致之所以安之也

【疏】大夫至致館○注致至至之也○釋曰自此盡送再拜論主君遣卿致館之事云賓至此館主人以上卿禮致之者案覲禮云侯氏遂從之天子賜舍辭曰賜伯父舍侯氏再拜稽首受儐之束帛乘馬注云王使人以命致館無

禮猶儐之者尊王使也無禮謂無束帛此云以上卿禮明有束帛致亦可知若然有禮則稱致覿禮不稱致無禮故也案司儀云諸公相爲賓主君郊勞云三辭拜受拜受謂拜受幣又云致館亦如之鄭云使大夫授之君又以禮覿致焉亦是有幣可知又云諸侯諸伯諸子諸男之相爲賓也各以其禮相待也如諸公之儀是五等相待致館同有幣矣天子待諸侯無幣則其臣來無幣可知據此文侯伯之卿聘郊勞致館有幣則五等待臣皆同有幣也司儀諸侯之臣相爲國客亦皆有幣與此同若諸侯遣大夫小聘曰問下云小聘曰問不享有獻不及夫人不筵几不禮面不升不郊勞注云記貶於大聘所以爲小也獻私獻也面猶覿也雖不言不致館畧之耳亦不致也又諸臣朝覲天子天子無禮以致猶儐尊王使又五等自相朝主國皆有禮皆有儐故司儀云賓繼主君皆如主國之禮鄭玄謂繼主君者儐主君也儐之者主君郊勞致館饔餼還圭贈郊送之時也此等皆主君親致館又云致館亦如之亦如郊勞時亦有儐矣以此言諸臣致者皆有儐也若諸侯遣卿大夫聘王國有用幣致館無儐也故司儀云諸公之臣相爲國客致館如初之儀鄭注云如郊勞也不儐耳是也

賓迎再拜卿致命賓再拜稽首卿退賓

送再拜

卿不俟設飧之畢以不用束帛致故也不用束帛致之者明爲新至非大禮也

疏

賓迎至再拜○注卿不至禮也○釋曰云賓迎再拜者賓在館如主人故先拜也卿不言荅拜荅拜可知但文畧耳雖不言入言迎則入門可知言卿致命者亦東面致君命也云卿不俟設飧之畢以不用束帛致故也者下直云宰夫朝服設飧不言致則此卿致館兼致飧矣致館有束帛致飧空以辭致君命無束帛者案下記云飧不致鄭注云不以束帛致命草次饌飧具輕若然卿以空拜致飧既即退不待宰夫設畢也以不用束帛致故也云非大禮也者對下聘日致饔鄭云急歸大禮也若然此侯伯之卿禮其公之臣亦以幣帛致案司儀云諸公之臣相爲國客致館如初之儀鄭注云不言致飧者君於聘大夫不致飧也聘禮曰飧不致賓不拜是也其子男之臣不致可知又案司儀云君親致館至於致飧如致積之禮鄭注云俱使大夫禮同也以此言之致館致飧似別人者但致積在道致飧在館所致別人若致館與致飧同時致館者兼致飧無嫌也言俱使大夫者言積與飧同使大夫使君不親之義何妨致館與致飧一人也其臣致飧無幣其五等諸侯致飧則有幣案司儀諸侯相於致飧如致積致積有幣知致飧亦有幣也

宰夫朝服設飧

食不

備禮曰飧詩云不素飧兮春秋傳曰方食魚飧皆謂是〈疏〉宰夫朝服設飧○注食不至謂是○釋曰云食不備禮曰飧者對饔餼也生與腥飪俱有餘物又多此飧唯有腥飪而無生餘物又少故云不備禮也引詩傳者案詩云彼君子兮不素飧兮毛云熟食曰飧鄭云讀如魚飧之飧則詩飧與傳魚飧同是直食魚與飯爲飧彼少牢小禮中不備此則兩大牢大禮中不備不備是同故引證一邊不備其實禮有異也春秋傳曰方食魚飧者案宣六年經書晉趙盾衞孫免侵陳公羊傳曰趙盾弑君此其復見何親弑君者趙穿也親弑君者趙穿則曷爲加之趙盾不討賊也復國不討賊此非弑君如何趙盾之復國奈何靈公爲無道靈公使膳宰以熊膰不熟公殺之盾入諫公見盾再拜盾拜稽首歸公使勇士某者往殺之勇士入門不見人闚其戶方食魚飧勇士曰嘻子誠仁人也是子之儉也吾不忍殺子也雖然吾不可復見吾君矣遂刎頸而死是魚飧之事

飪一牢在西鼎九羞鼎三腥一牢在東鼎七

中庭之饌也飪孰也孰在西腥在東象春秋也鼎西九東七凡其鼎實與其陳如饔餼羞鼎則陪鼎也以其實言之則曰羞以其陳言之則曰陪〈疏〉飪一至鼎七○注中庭至曰陪○釋曰云中庭

之饌也者對下文是堂上及門外之饌也云象春秋也者腥之言生象春物生飪孰也象秋物有成孰故云象春秋也云鼎西九東七者九謂正鼎九牛羊豕魚腊腸胃膚鮮魚鮮腊東七者腥鼎無鮮魚鮮腊故七云凡其鼎實與其陳如陳饔餼者如其死牢故掌客云諸侯之禮饔餼九牢七牢五牢其死牢如飧之陳凡介行人皆有飧饔餼此則如介禮也是飧之死牢與饔餼死牢實與飧陳同亦於東階西階也云羞鼎則陪鼎也知是一物者此云羞鼎下饔餼言陪鼎故知一也陪鼎三則下云脚臐膮是也

堂上之饌八西夾六八六者豆數也凡饌以豆爲本堂上八豆八簋六鉶兩簠八壺西夾六豆六簋四鉶兩簠六壺其實與其陳亦如饔餼

（疏）堂上至夾六○注八六至饔餼○釋曰堂上與西夾所陳六八非一知六八是豆者凡設饌皆先設豆乃設餘饌故鄭云凡饌以豆爲本無妨六八之内兼有餘饌故鄭言簠鉶之等也凡鄭所云皆約饔餼故云亦如饔餼也鄭必約與陳饔餼同者以其陳鼎饔餼同故知餘亦同也

門外米禾皆二十車禾稾實并刈者也諸侯之禮車米視生牢禾視死牢牢十車大夫之禮皆視死牢而已雖有生牢不取數焉米陳門東禾陳門西

（疏）門外至十車○注禾

槀至門西○釋曰諸侯之禮車米視生牢禾視死牢牢皆十車者案掌客云上公之禮飧五牢饔餼九牢其死牢如飧之陳牽四牢車米視生牢牢十車車秉有五籔車禾視死牢牢十車侯伯飧四牢饔餼七牢其死牢如飧之陳牽三牢子男飧三牢饔餼五牢其死牢如飧之陳牽二牢皆米視生牢牢十車禾視死牢牢十車是其義也云大夫之禮皆視死牢而已雖有生牢不取數焉者知然者見下歸饔餼五牢饔三牢餼二牢饔三牢死牢也門外米禾皆三十車與死三牢同不取餼二牢生之數故知義然也云米陳門東禾陳門西者此亦約下歸饔餼知之上皆云陳如饔餼此不云如饔餼者至下經與薪芻并云凡此之陳亦如饔餼是也

薪芻倍禾各四十車凡此之陳亦如饔餼

上介餼一牢在西鼎七羞鼎三堂上之饌六門外米禾皆十車薪芻倍禾西鼎七無鮮魚鮮腊

【疏】上介至倍禾○注西鼎至鮮腊○釋曰六者與賓西夾數同但言堂則西夾無矣云西鼎七無鮮魚鮮腊者此亦約饔餼時賓餁鼎數故下文賓腥鼎七無鮮魚鮮腊此亦鼎七故知無鮮魚鮮腊也

衆介皆少牢亦餁在西鼎五羊豕

腸胃魚腊新至尚孰堂上之饌四豆四簋兩鉶四壺無簠【疏】衆介皆少牢○注亦飪至無簠○釋曰知亦飪者依上介知然知鼎五者以賓九上介七衆介當五降殺以兩又約少牢五鼎此亦少牢故知亦五鼎也知鼎實有羊豕魚腊與腸胃者以上介無鮮魚鮮腊此又無牛故從羊豕以下數之得五案少牢有膚此無者生人食與祭異故玉藻朔月少牢五俎亦云羊豕魚腊腸胃不數膚也案上注皆不言新至尚熟於此言之者上文賓與上介皆言飪一牢在西下歸饔餼亦言飪一牢在西此衆介直言少牢不言飪下文歸饔餼亦直言餼一牢無飪恐衆介飧饔前後皆無飪故特言之新至尚熟對後無饔直有餼不尚熟也必知少牢是飪者承上介一牢飪知此亦飪云堂上之饌四豆四簋兩鉶四壺無簠知數如此者以賓與上介降殺以兩故然也知無簠者以賓簠有二曲禮云歲凶大夫不食粱非歲凶大夫食粱粱大夫常食大夫禮多與賓同簠盛稻粱則上介亦二簠與賓同士非直不合食粱差降亦無簠也

厥明訝賓于館此訝下大夫也以君命迎賓謂之訝訝迎也亦皮弁【疏】厥明至于館○注此訝至皮弁○釋曰自此盡每曲揖論將行聘禮主君迎賓向廟之事云此訝下大夫也者案周禮有掌訝中士八人爲之此訝下大夫非彼掌

訝也案下記云卿大夫訝大夫士訝士皆有訝又周禮掌訝云凡賓客諸侯有卿訝卿有大夫訝大夫有士訝士皆有訝此大聘是卿故使下大夫訝也天子諸侯雖有掌訝之官朝聘之賓不使掌訝爲訝直以尊卑節級爲訝故云此訝下大夫也言以君命迎者凡舉事皆以承君命故知迎賓待君命也云亦皮弁者下文君及賓皮弁明此大夫亦皮弁服也

賓皮弁聘至于朝賓入于次服皮弁者朝聘主相尊敬也諸侯視朔皮弁服入于次者俟辦也次在大門外之西以帷爲之〔疏〕賓皮至于次○注服皮至爲之○釋曰云服皮弁者朝聘主相尊敬也者周禮大行人諸侯朝天子各服服冕服廟中將幣三享覲禮亦云侯氏裨冕在廟覲天子此諸侯待四方朝聘皆皮弁者入天子廟得申其上服入己廟不可以冕服又不可服常朝之服故服天子之朝服諸侯以爲視朔之服在廟待朝聘之賓是相尊敬故也知此皮弁是諸侯視朔服者以其玉藻云諸侯皮弁以聽朔於大廟是也云次在大門外之西以帷爲之者下記云宗人授次次以帷少退于君之次以賓位在西故知也

乃陳幣有司入于主國廟門外以布幕陳幣如展幣爲圭璋賈人執櫝而俟〔疏〕乃陳幣○注有司至而俟○釋曰有司入于主國廟門外

若案下文行聘時幣在主國廟門外知在此也知有幕者以言陳幣如展幣明亦布幕陳幣也云圭璋賈人執櫝而俟者案下文云賈人東面坐啓櫝取圭鄭注賈人鄉入陳幣東面俟於此言之就有其事也是也

卿爲上擯大夫爲承擯士爲紹擯擯者出請事擯謂主國之君所使出接賓者也紹繼也其位相承繼而出也主君公也則擯者五人侯伯也則擯者四人子男也則擯者三人聘義曰介紹而傳命君子於其所尊不敢質敬之至也既知其所爲來之事復請之者賓來當與主君爲禮爲其謙不敢斥尊者啓發以進之於是時賓出次直闑西北面上擯在闑東閾外西面其相去也公之使者七十步侯伯之使者五十步子男之使者三十步此旅擯耳不傳命上介在賓西北東面承擯在上擯東南西面各自次序而下末介末擯旁相去三丈六尺上擯之請事進南面揖賓俱前賓至末介上擯至末擯亦相去三丈六尺止揖而請事還入告于公天子諸侯朝覲乃命介紹傳命耳其儀各鄉本受命反面傳而下及末則鄉受之反面傳而上又受命傳而下亦如之此三丈六尺者門容二徹參个旁加各一步也今文無擯

疏 卿爲至請事○注擯謂至無擯○釋曰此擯陳在主國大門外主君之擯與賓

之介東西相對南北陳之云其位相承繼而出也若從門向
南陳爲繼而出云主君公也則擯者五人侯伯也則擯者四
人子男也則擯者三人者案周禮大行人天子待諸侯云上
公之禮擯者五人侯伯之禮擯者四人子男則擯者三人今
以諸侯待聘賓用天子待已之擯數者以諸侯自相待無文
鄭以意解之但天子尊得分辨諸侯尊卑以待之諸侯卑降
天子不敢分辨前人故據已國大小而爲擯數且春秋又有
大國朝焉小國聘焉又有卿出並聘之事則小國有朝大國
法無大國下朝小國之禮若相聘問大小皆得若然待其臣
據此文與待君等天子待諸侯之臣亦宜與君同也又案周
禮大宗伯爲上擯小行人爲承擯覲禮嗇夫爲末擯若待子
男三人足矣若侯伯少一人待上公少二人一人二人皆以
士充數也引聘義者案彼鄭注質謂正自相當故設擯介通
情乃相見是敬之至引之者證須擯介之意也云既知其所
爲來之事者在道已遣士請事大夫問行郊勞致館之等是
足知來事矣云復請之者賓來當與主君爲禮爲其謙不敢
斥尊者啓發以進之者亦解所以立擯介通情及進相見之
義也云於是時賓出次直闑西北面者案玉藻云君入門介
拂闑大夫中棖與闑之閒士介拂棖此謂朝君又云賓入不
中門此謂聘賓云不中門則此闑西北面者若然聘賓入門

還依作介入時同亦拂闑也云上擯在闑東闑外西面者主位在東故賓在闑西上擯在闑東以擯位近門東西面故上擯亦西面向君也云其相去也公之使者七十步侯伯之使者五十步子男之使者三十步者此依大行人云諸侯之卿其禮各下其君二等鄭注云所下者介與賓主之間是以步數與介數亦降二等也云此旅擯耳者案司儀云三問旅擯鄭云旅陳陳擯介不傳辭故鄭此云不傳命也若然上注下注皆引聘義云介紹而傳命者若交擯傳命則是賓介傳命此旅擯傳命者直是賓來至末介下對上擯傳本君之命也其介相紹繼則交擯旅擯同唯傳命不傳辭有異矣是以司儀云及將幣交擯鄭注亦引聘義介紹而傳命爲證以其皆是相連繼於位也云上介在賓西北東面承擯在上擯東南西面此謂賓直闑西北面主君在門內南面列位時云西北東南者據賓西北望上介介仍向正北陳之矣上擯東南望承擯等仍向正南陳之矣不謂介西北邪陳擯東南向邪陳也云各自次序而下者賓之介或七或五或三從南向北次序上次下至末介主人之擯或五或四或三從承擯向南上次下至末擯也東西相去三丈六尺云上擯之請事進南面揖賓俱前者謂上擯入向公前北面受命出門南面遥揖賓使前擯者漸南行賓至末介北東面上擯至末擯南西面東

西相去亦三丈六尺云止揖而請事者二人俱立定乃揖而請所爲來之事云還入告于公者賓對訖上擯入告公公乃有命納賓也云天子諸侯朝覲乃命介紹傳命耳者此引聘義文自此以下論天子諸侯交擯法云紹者亦謂使介相紹繼以傳命傳命即擯介相傳賓主之命也此交擯謂在大門外初未迎賓時案曲禮注春夏受摯於朝受享於廟秋冬一受之於廟覲禮天子不下堂而見諸侯則秋冬受摯受享皆無迎法無迎法則無此交擯之義若春夏受摯於朝無迎法受享於廟則迎之故大行人云廟中將幣三享鄭注朝先享不言朝者朝正禮不嫌有等也是正朝無迎法若然覲禮無迎法此云朝覲者言覲者覲雖無迎法饗食則有迎法故齊僕云朝覲宗遇饗食皆乘金路其法儀各以其等爲車送逆之節故連覲也云其儀各鄉本受命反面傳而下者雖言各鄉本受命非一時之事先上擯入受命出傳與承擯承擯傳與末擯此是上擯鄉本受命反面傳而下末介向末擯邊受命傳與次介次介傳與上介上介傳與賓是及其末則鄉受之反面傳而上也云又受命傳而下亦如之者此乃發賓傳向主君一如前發主君傳而向下故云亦如之如此三迴爲交擯三辭此則司儀云諸公相爲賓交擯三辭者也諸侯伯子男相爲賓如諸公之儀其交擯則同也云此三丈六尺者

此則郤計前云相去三丈六尺云門容二徹參个者冬官匠人云天子五門匠人直計應門直舉應門則皋庫雉亦同云二徹參个者轍廣八尺參个三八二十四門容二丈四云傍加各壹步也者此無正文但人之進退周旋不過再舉足一步故門傍各空一步丈二添二丈四尺爲三丈六尺

公皮弁迎賓于大門內公不出大門降于待其君也大夫上擯也謂大夫納賓之大夫者上序可知從大夫摠無所別也於是賓主人皆裼〔疏〕注公不至皆裼○釋曰云降于待其君也者案司儀諸公相爲賓公皮弁交擯車迎拜辱出大門此於門內是降於待其君也云從大夫摠無所別也者春秋之義卿稱大夫王制云上大夫卿是摠無別也云於是賓主人皆裼者案玉藻云不文飾也不裼又云執龜玉襲下文行聘時執玉賓主人皆襲此時未執玉正是文飾之時明賓主人皆裼也

賓入門左內賓位也衆介隨入北面西上少退擯者亦入門而右北面東上上擯進相君〔疏〕賓入門左○注由賓至相君○釋曰知衆介隨入北面西上少退者約下文入廟行聘享時衆介入廟隨賓入門左相北面西上少退不敢與賓齊也知擯者亦入門而右北面東上者亦約衆介統於賓北面西上明擯者北面

東上亦約朝君揖位亦北面東上而知之也知上擯進相君者鄉黨云君召使擯鄭云有賓客使迎之彼據初迎賓時至於入門之後每事皆上擯相君也

公再拜南面拜迎【疏】公再拜○注南面拜迎○釋曰知君南面者經雖不見君面位主君尊於外國臣猶南面故郊特牲云君之南鄉荅陽之義故知君南面也

賓辟不荅拜辟位逡遁不敢當其禮【疏】注不敢當其禮○釋曰云不敢當其禮者以鄉奉君命使不敢賓辟當相訓亢之禮故不荅拜直逡遁而已

公揖入每門每曲揖每門輒揖者以相人偶爲敬也凡君與賓入門賓必後君介及擯者隨之並而鴈行既入則或左或右相去如初玉藻曰君入門介拂闑大夫中棖與闑之閒士介拂棖賓入不中門不履閾此賓謂聘卿大夫也門中門之正也不敢與君並由之敬也介與擯者鴈行卑不踰尊者之迹亦敬也賓之介猶主人之擯【疏】公揖至曲揖○注每門至之擯○釋曰諸侯三門皋應路則應門爲中門左宗廟右社稷入大門東行即至廟門其閒得有每門者諸侯有五廟大祖之廟居中二昭居東二穆居西廟皆别門門外兩邊皆有南北隔牆隔牆中夾通門若然祖廟已西隔牆有三則閤門亦有三東行經三門乃至大祖

廟門中則相逼入門則相遠是以每門皆有曲有曲即相揖故每曲揖也是以司儀亦云每門止一相亦據閤門而言也云以相人偶者以人意相存偶也云凡君與賓入門賓必後君者以賓主不敵是以玉藻云於異國之君稱外臣某故知聘賓後於主國君也言凡者非直聘享向祖廟若饗食向禰廟燕禮向路寢皆當後於主君故言凡以廣之云介及擯者隨之並前而鴈行者言並上擯與上介並次擯與次介並末擯與末介並各自鴈行於後也云既入則或左或右者東行賓介於左君擯於右也云相去如初者初謂大門外相去三丈六尺也玉藻曰君入門介拂闑大夫中棖與闑之閒士介拂棖鄭注云此謂兩君相見也君入必中門上介夾闑大夫介士介鴈行於後示不相沿也君若迎聘客擯者亦然又云賓入不中門不履閾鄭注云辟尊者所從也此經謂聘客鄭君并引朝君欲見卿大夫聘來還與從君爲介時入門同故并引之也云君入門介拂闑又云門中門之正又云甲不踰尊者之迹若然聊爲一闑言之君最近闑亦拂之而過上介則隨君而行拂闑而過所以與君同行者臣自爲一列士君既出迎賓主君與君並入主君於東闑之內賓於西闑之內並行而入上介於西闑之外上擯於東闑之外皆拂闑次介次擯皆大夫中棖與闑之閒末介末擯皆士各自拂棖如是

得君人中門之正上擯上介俱得拂闑又得不踰尊者之迹矣又云賓入不中門者此謂聘賓大聘大夫故鄭卿大夫並言入門之時還依與君爲介來入相似賓入還拂闑故上注賓自闑西擬入時拂闑西故也云門中門之正也者謂兩闑之閒云卑不踰尊者之迹者士以大夫爲尊大夫以上介爲尊上介以君爲尊也云賓之介猶主人之擯者欲見擯介鴈行不別也

及廟門公揖入立于中庭

公揖先入省內事也既則立於中庭以俟賓不復出如此得君行一臣行二於禮可矣公迎賓于大門內卿大夫以下入廟門即位而俟之

【疏】及廟至中庭○注公揖至俟之○釋曰自此盡公裼降立論行聘之事云公揖先入省內事也者曲禮云請入爲席彼卿大夫士禮是以鄭注云雖君亦然省內事即請入爲席之類也云如此得君行一臣行二於禮可矣者言得君行一臣行二者案下文三揖言之初揖注云將曲揖謂在內霤之閒住主君先立無邇近於內霤閒若然去門既近去階又遠也以此不得君行一臣行二下文受玉于東楹之閒彼得爲君行一臣行二矣下文又云公升二等賓升君階七等君升二等賓升一等已上仍有五階亦不得爲君行一臣行二與此同欲見君行近臣行遠之義皆據大判而言不可細分之矣言於禮

可者以其尊者宜逸卑者宜勞故言於禮可也云公迎賓於大門內卿大夫以下入廟門即位而俟之者上初命拜迎賓于館之時卿大夫士固在朝矣及賓來大門外陳介之時主君之擯亦在大門外之位君在大門內時其卿大夫不以無事亂有事當於廟中在位矣必知義然當見行事之時公授宰玉又云士受皮又云宰夫授公几皆是於外無事在廟始有事更不見此官等命入廟之文明君未入廟時此官已在位而俟公食大夫以其官各具饌物皆有事不須入廟故公迎賓入後乃見卿大夫以下之位與此異也

賓立接西塾

接猶近也門側之堂謂之塾立近塾者已與主君交禮將有出命俟之於此介在幣南北面西上上擯亦隨公入門東東上少進於士

疏賓立接西塾○注接猶至於士○釋曰云門側之堂謂之塾者爾雅釋宮文云立近塾者已與主君交禮將有出命俟之於此者對在大門外時未與主君交禮直使擯傳命故去門七十步五十步三十步此將與君交禮故近門也云於此介在幣南北面西上者以上文入竟展幣時布幕賓西面介北面東上統於賓今此陳幣賓在門西北面明介北面西上統於賓也云上擯隨公入門東東上少進於上者案下几筵既設擯者出請命更不見上擯別入之文明隨公入可知也知門東有上

者案公食云士立于門東北面西上鄭云統於門者非其正位也也故知此亦然以擯者是卿又相君故知進於士在士前也

几筵既設擯者出請命有几筵者以其廟受宜依神也賓至廟門司宫乃于依前設之神尊不豫事也席西上上擯待而出請受賓所以來之命重停賓也至此言命事彌至言彌信也周禮諸侯祭祀席蒲筵繢純右彫几

〔疏〕几筵至請命○注有几至彫几○釋曰云有几筵者以其廟受宜依神也者此對不在廟受不几筵故下云聘遭喪入竟則遂也不郊勞不几筵注云致命不於廟就尸柩於殯宫又不神之下小聘不几筵注云記既於聘是以記云唯大聘有几筵覲禮不云几筵文不具也又案曲禮注春夏受摯於朝受享於廟秋冬一受之於廟諸侯無此法四時皆在於廟亦無四時朝覲之别名同皆曰朝也云賓至廟門司宫乃于依前設之神尊不豫事也者此對公食宰夫設筵加席几而後迎賓彼食禮與此異也知在扆前者案司几筵云大朝覲大饗射王位依前南鄉設筵几覲禮亦云依前諸侯亦然爾雅釋宫云牖戸之閒謂之扆但天子以屏風設於扆諸侯無屏風爲異席亦不同也云至此言命事彌至言彌信也者上入竟士請事近郊下大夫請行皆是謙問不敢以必來之已國不正言之至此事益至

言貺信矣故正問之而言請命是其事至言信矣云周禮至彤几者周禮司几筵文彼諸侯祭祀席三重上更有加莞筵紛純不引之者文畧可知引之者證此所設者設常祭祀之席也

賈人東面坐啓櫝取圭垂繅不起而授上介賈人鄉人陳幣東面俟於此言之就有事也授圭不起賤不與爲禮也不言裼襲者賤不裼也繅有組繫也〔疏〕賈人至上介○注賈人至繫也○釋曰賈人鄉人陳幣東面俟於此言之就有事也者上文賓入次乃陳幣在門外不言者彼賈人未有事今此有事故就此言面位以此東面明初亦東面矣故舉此明前東面也云授圭不起賤不與爲禮也者以賈人是庶人在官者故云賤不與爲禮爲禮當起而授也云不言裼襲者賤不裼也者若不賤以垂繅當裼以賤故不裼也云繅有組繫也知有組者下記云所以朝天子圭與繅皆九寸問諸侯朱綠繅八寸皆玄纁繫長尺絢組是也

上介不襲執圭屈繅授賓上介北面受圭進西面授賓不襲者以盛禮不在於已也屈繅并持之也曲禮曰執玉其有藉者則裼無藉者則襲〔疏〕上介至授賓○注上介至則襲○釋曰上介裼於賈人處垂繅受得圭而不襲者鄭

云以盛禮不在於已故也以賓執圭升堂致命爲盛禮在已者也云上介北面受圭進西面授賓者以上介本位北面故北面受圭賓東面故上介西面授賓引曲禮者彼記人據此絢組尺爲繅藉不據韋皮衣木板畫以五采之繅藉也云執玉其有藉者則裼據此賈人坐繅以授上介上介不襲受之時也云其無藉者則襲者據此上介屈繅以授賓賓襲受之時也記人直記裼襲之義不論盛禮在已之意故各舉一邊而言也

賓襲執圭執圭盛禮而又盡飾爲其相蔽敬也玉藻曰服之襲也充美也是故尸襲執玉龜襲也

〔疏〕賓襲執圭○注執圭至襲也○釋曰云執圭盛禮者玉藻云執玉龜襲注重寶瑞也若然云盛禮者以其圭瑞以行禮故爲盛禮也云又盡飾爲其相蔽敬也者玉藻又云君在則裼盡飾也注云臣於君所今聘賓於主君亦是臣於君所合裼以盡飾今既執圭以瑞爲敬若又盡飾而裼則掩蔽玉之敬故不得裼也云服之襲也充美也者彼注云充猶覆也是故尸襲者爲尸尊故去飾也不裼云執玉龜襲也者彼注云重寶瑞也以龜玉爲寶瑞若裼則盡飾爲蔽敬故引之證不裼也

擯者入告出辭玉擯者上擯也入告公以賓執圭將致其聘命圭贄之重者辭之亦所以致尊讓也

〔疏〕擯者至辭

玉○注擯者至尊讓○釋曰知擯是上擯者案上相禮者皆上擯故知此亦據上擯云圭贄之重者大宗伯云以玉作六瑞君之所執又云以禽作六贄臣之所執摠而言之皆是贄故左氏傳云男贄不過玉帛禽鳥但君之所執爲贄之重者也云辭之亦所以致尊讓也致尊讓鄉飲酒義文彼爲賓主三辭三讓是致尊讓此辭玉亦是致尊讓之事故引之爲證也案文公十二年左氏傳云秦伯使西乞術來聘襄仲辭玉賓對曰不腆敝器不足辭也彼主人無三辭者文不具亦當三辭也

納賓賓入門左公事自闑西〔疏〕納賓賓入門左○注公事自闑西○釋曰案玉藻云公事自闑西注云聘享也又云私事自闑東注云覿面也故鄭引之以證此入門左是聘享賓入自闑西入門左也

介皆入門左北面西上隨賓入也介無事止於此今文無門〔疏〕介皆至西上○注隨賓至無門○釋曰案司儀云諸公之臣相爲國客及將幣每門止一相及廟唯君相入注云唯君相入客臣也相不入矣此介皆入不同者彼云每門止一相鄭云絕行在後耳非是全不入廟又云唯君相入者謂前相君禮須入故言之臣相不前相禮故不言入其賓皆入與此同也

三揖君與賓也入門將曲揖既曲北面又揖當碑揖

三揖○注君與至碑揖○釋曰前云公揖入立于中庭〔疏〕三分庭一在南賓後獨入得云入門將曲揖者謂公先在庭南面賓既入門至碑曲揖賓既曲北面賓又揖主君揖主君二者皆向賓揖之再揖訖亦主君東面向堂塗北行當碑乃得賓主相向而揖是以得君行一臣行二非謂賓入門時主君更向內當相近而揖若然何得云君行一臣行二也

至于階三讓讓升公升二等先賓升二等亦欲君行一臣行二〔疏〕公升二等○注先賓至行二○釋曰諸侯階有七等公升二等在上仍有五等而得云君行一臣行二者但君行少臣行多大判而言非謂即君行一臣行二此文出齊語晏子辭

賓升西楹西東面與主君相鄉

擯者退中庭鄉公所立處退者以公宜親受賓命不用擯相也〔疏〕擯者退中庭○注鄉公至相也○釋曰上文公揖入立于中庭今公與賓升堂云擯者退中庭此文與君立中庭同故云鄉公所立處

賓致命致其君之命也

公左還北鄉當拜〔疏〕公左還北鄉○注當拜○釋曰言左還北鄉者公升受賓致命時西鄉以左手鄉外迴身北面乃拜故云當拜

擯者進進阼階西釋辭於賓

相公拜也〔疏〕擯者進。注進阼至拜也。釋曰知阼階西者以其擯者在中庭公立處宜言進則進至阼階西不得更向阼階前亦不可更進西階故知進阼階西釋辭於賓復得相公拜也

公當楣再拜拜貺也貺惠賜也楣謂之梁〔疏〕公當楣再拜。注拜貺至賜也。釋曰拜貺之言文出聘義彼云北面拜貺拜君命之辱是也

賓三退負序三退三逡遁也不言辟者以執圭將進授之〔疏〕賓三退負序。注三退至授之。釋曰案上文賓入門公再拜賓辟不荅拜又下文云賓訝受几於筵前公一拜送賓以几辟皆言辟此不言辟故決之也案司儀云諸公之臣相為國客及將幣客登拜客三辟授幣注云客三辟三退負序也者彼諸公之臣相聘之禮與侯伯之卿聘於鄰國之禮少異故也○

公側襲受玉于中堂與東楹之閒側猶獨也言獨見其尊賓也他日公有事必有贊為之者凡襲于隱者公序坫之閒可知也中堂南北之中也入堂深尊賓事也東楹之閒亦以君行一臣行二〔疏〕公側至之閒。注側猶至行二。釋曰云他日公有事必有贊為之者案大射云公卒射小臣正贊襲是其贊為之也云凡襲於隱者案士喪禮小斂主人袒

于戶內襲于序東喪禮遽於事尚襲於序東況吉事乎明知襲於隱者也云公序坫之閒可也者士喪襲于序東謂於堂東地上此則公在堂上堂東南角爲坫鄭以意斟酌隱處無過於序東坫北可也無正文故云可也云中堂南北之中也入堂深尊賓事也者凡廟之室堂皆五架棟南北皆有兩架棟北一架下有壁開戶棟南一架謂之楣則楣北有二架楣南有一架今於當楣北面拜訖乃更前北侵半架於南北之中乃受玉故云南北之中乃入堂深尊賓事故也云東楹之閒亦以君行一臣行二者兩楹之閒爲賓主處中今乃於東楹之閒更侵東半閒故云君行一臣行二也

擯者退負東塾而立反其等位無事**賓降介逆出**逆出由便**賓出**聘事畢**公側授宰玉**使藏之授於序端〔疏〕公側授宰玉○注使藏至序端○釋曰鄭知授於序端者凡公授受皆於序端是以下文公升側受几于序端故知此亦授于序端也

裼降立裼者免上衣見裼衣凡當盛禮者以充美爲敬非盛禮者以見美爲敬禮尚相變也玉藻曰裘之裼也見美也又曰麛裘青豻褎絞衣以裼之論語曰素衣麛裘皮弁時或素衣其裘同可知也裘者爲溫表之爲其褻也寒暑之服冬則裘夏則葛凡

禮裼者左降立俟享也亦於中庭古文裼皆作賜。

【疏】裼降立。注裼者至作賜。釋曰云裼者免上衣見裼衣者案玉藻云君衣狐白裘錦衣以裼之注云君衣狐白毛之裘則以素錦爲衣覆之使可裼也袒而有衣曰裼必覆之者裘褻也詩云衣錦絅衣裳錦絅裳然則錦衣復有上衣明矣天子狐白之上衣皮弁服與凡裼衣象裘色也若然凡服四時不同假令冬有裘襯身禪衫又有襦袴襦袴之上有裘裘上有裼衣裼衣之上又有上服皮弁祭服之等若夏則以絺綌絺綌之上則有中衣中衣之上復有上服皮弁祭服之等若春秋二時則衣袷褶袷褶之上加以中衣中衣之上加以上服也言見裼衣者謂袒衿前上服見裼衣也故玉藻云裘之裼也見美也襲者奄之故玉藻云襲充美是也云凡當盛禮者以充美爲敬非盛禮者以見美爲敬禮尚相變也者玉藻云執龜玉襲是禮之盛者充美爲敬玉藻又云君在則裼盡飾也是非盛禮者以見美爲敬據此二者是禮尚有相變也引玉藻者證禮不盛者以裼見美也又曰麑裘青豻褎絞衣以裼之引論語素衣麑裘又云皮弁時或素衣其裘同可知也鄭并引二文者欲見諸侯與其臣視朔與行聘禮皆服麑裘但君則麑裘還用麑褎臣則不敢純如君麑裘則青豻褎裼衣君臣亦有異時若在國視朔君臣同素衣爲裼故鄉黨云素衣麛裘彼一篇是孔子行事鄭兼見君臣視朔之服是其君臣同用素裼可知若聘禮亦君臣同用麛裘但主君則用素衣爲裼使臣則用絞衣爲裼是以鄭揔云皮弁時或素衣其裘同可知也言或素衣者在國則君臣同素衣聘時主君亦素衣唯臣用絞衣爲裼也○依雜記云朝服十五升布皮弁亦天子朝服與諸侯朝服同用十五升布亦同素積以爲裳白舄臣用白屨也云裘者爲溫表之爲褻者案月令云孟冬天子始裘是裘爲溫云表之者則裼衣是也裼衣象裘色復與上服色同也云凡襢裼者左者吉凶皆袒左是也是以士喪禮主人左袒檀弓云吳季札左袒右還其封大射亦左袒若受刑則袒右故覲禮侯氏袒右受刑是也知降立俟享也者下文賓行享是也

儀禮疏卷第二十

大清嘉慶二十一年
用文選樓藏本栞
江西督糧道王賡言廣豐縣知縣阿應鱗栞

儀禮注疏卷二十挍勘記

阮元撰盧宣旬摘録

夫人使下大夫勞以二竹簋方　簋唐石經徐本聶氏集釋敖氏俱作簋注同釋文作簠云本或作簋外圓內方曰簠內圓外方曰簋通解楊氏載經注要義載經俱作簠張氏曰釋文明著內外方圓之制蓋辨或本之誤也鄭氏注曰以竹爲之狀如簋而方若取鄭注易簋以簠字讀之簠義甚明鄭氏固作簠字解矣今諸本猶從或本或之甚也從釋文○按冬官玉人注疏及覲禮疏引此經並作簋地官舍人注云方曰簠圓曰簋疏謂皆據外而言審此則釋文之誤顯然張氏從之非也說文曰簋黍稷方器也簠黍稷圜器也此許君之義與鄭不同

注竹簋至方耳　簋毛本俱誤作簠按此疏聶氏通解要義楊氏俱作簋

自此盡以賓入　陳本要義同毛本入作人

寒具若籩人先鄭云　要義同毛本通解若作見

案十有二　毛本二下有寸字此本與要義無○按毛本是

其實棗蒸栗擇 蒸敖作烝

賓受棗

不共授栗 毛本不上有而字不下有兩手二字

游暇一手 毛本游上有則是二字

卽共授栗 毛本卽下有兩手二字

儐之如初

請道之以入 徐本通解楊氏敖氏同毛本道作導

賓亦不儐 通解同毛本儐作賓非也

至于朝

賓又請俟閒之事 要義同毛本又作之○按又字是

受聘享尊之　要義同毛本享下有以字

賓曰俟閒

欲沐浴齊戒　毛本齊作齋釋文作齊云本亦作齋徐本集釋亦俱作齊通解楊氏俱作齋按通解曰齋側皆反盎本齊字故特音之若作齋則不必音矣

大夫帥至于館

猶儐尊王使　儐陳閩俱作賓

主國皆有禮　要義同毛本主作王

賓迎再拜

其臣致飱無偹　陳閩通解要義同毛本臣作君

門外米禾皆二十車　唐石經二十作廿

牢十車徐本無牢字與疏不合

車秉有五籔毛本籔誤作藪

薪芻倍禾

凡此之陳此之𥍈作上所

厥明

非彼掌訝也陳本無彼字

凡舉事皆以承君命要義同毛本作凡舉皆是以承君命

賓皮弁聘

俟辦也張氏曰監杭本作辨○按作辨是也說見士相見禮

在廟待朝聘之賓要義同毛本待作視

乃陳幣

就有其事也浦鏜云誤衍其字

卿爲上擯

擯謂主國之君徐本集釋通解同毛本謂作爲○按謂與疏合

亦相去三丈六尺毛本三誤作二

則鄉受之徐陳集釋同毛本鄉作卿○按禮記聘義引作鄉

反面傳而上徐葛集釋通解同毛本而作面○按聘義引作而

此三丈六尺者徐本集釋通解楊氏同毛本三作二

與賓之介通解要義同毛本賓作君非也

得分辨諸侯尊卑以待之要義同毛本辨作辦通解作別下同

大夫問行　毛本問誤作閬

云西北東南者　陳本通解同毛本者作面

亦謂使介相紹繼以傳命傳命即擯介相傳賓主之命

也　要義同毛本傳命二字不重

春夏受贄於朝　要義同毛本夏作秋春上有若字

爲車送逆之節　通解要義同毛本逆作迎○按周禮作逆

則鄉受之　鄉陳閩俱作卿按注中卿字亦或作鄉釋文無音當從卿爲正

云門容二徹參个者　毛本徹作轍陳閩通解要義俱作徹下同唯轍廣之轍仍從車楊氏並作徹盧文弨云老子道經云善行無徹迹說文無轍字○按述注則從古作徹自下語則從俗作轍亦古人不苟處

則皋庫雉亦同　要義同毛本雉作推○按雉是也

公皮弁迎賓于大門內

云降于待其君也者　云下要義有公不出大門五字

是降於待其君也　要義同毛本於作以

賓入門左

注由賓至相君　毛本由作內○按毛本與注合

隨賓入門左相　毛本無相字○按相字不當有

賓辟不荅拜　毛本賓作客釋文唐石經陳徐閩葛通解楊敖俱作賓石經考文提要云下賓三退負序跡引

此亦曰賓辟

公揖入

賓入不中門　入楊作立

云門中門之正也者　通解要義同毛本門中二字倒

及廟門

公迎賓于大門内　徐本集釋同毛本通解無于字

住主君先立　監本要義同毛本住作在

已上仍有五階　毛本階作等○按階是

及賓來大門外陳介之時　陳閩通解要義同毛本及作乃○按及是

宰夫授公几　陳閩通解要義同毛本授作受

賓立接西塾

此將與君交禮　要義同毛本無將字

云於此介在幣南　要義同毛本無於此二字

凡筵既設

司官乃于依前設之　陸氏曰依本又作扆○按宋本釋文扆作衣

就尸柩於殯宫　要義同毛本殯作飧○按作殯與下注合

至此事益至言則信矣故正問之而言請命　事益至矣故八字陳閩俱無○毛本則作益

是其事至言信矣　陳本同毛本其作以

更有加莞筵紛純　通解要義同毛本筵作席○按筵字與周禮合

賈人東面坐啓櫝

賈人鄉入陳幣　鄉釋文作嚮張氏曰釋文云嚮許亮反下同前釋鄉云下以意求之以二音放之

對鄉之鄉從鄉曩鄉之鄉加日此曩鄉之鄉也宜加日後鄉公鄉鄉將鄉鄉時鄉以皆同從釋文

賓襲執圭

若又盡飾而裼　通解要義楊氏同毛本若作君

則掩蔽玉之敬　要義同毛本蔽作執○按蔽字是通解楊氏俱兼有蔽執二字

三揖

賓既入門至碑曲揖賓既曲北面賓又揖主君揖主君二者　陳閩通解俱作賓既入門至將曲之時既曲北面之時主君二者朱子曰疏說蓋印本差誤今以文義考之更定如此○按一本與毛本略同但改碑曲爲將曲賓又揖主君爲賓又向主君揖揖主君二者刪揖字

亦主君東面向堂塗北行當碑　陳閩俱無亦字

非謂賓入門時主君更向內霤相近而揖若然何得云君行一臣行二也陳本無賓入至得云十九字閩本作非謂卽君行一臣行二也

賓三退

客三辟授幣陳本要義同毛本授作受○按周禮作授

三退負序也者要義同毛本退上有辟字○按無辟字與周禮注合

公側襲

言獨見其尊賓也獨要義作側

云公序坫之間可也者要義同毛本可下有知字按疏云無正文故云可也則無知字明矣各本注俱有知字誤也

擯者退

反其等位無事　敖無等字

公側授宰玉　毛本授誤作受

裼降立

鞶裻青絇褎　陸氏曰褎本又作褏

凡襢裼者左　張氏曰監本以襢爲禮

亦於中庭　於楊作如

古文裼皆作賜　浦鏜云賜疑緆字之誤

則以素錦爲衣　要義無爲字○按玉藻注有爲字

襯身禪衫　要義同毛本襯作䙬禪作襌通解作襌敖氏作罩

襲者奄之　要義同毛本奄作掩○按掩是

執龜玉襲　要義同俱倒毛本龜玉作玉龜與玉藻合

是禮尚有相變也　要義同毛本無有字

引論語素衣麛裘　要義同毛本麛作麑○按作麛是正字下文並同此作麑依今本論語改

鄭并引二文者　要義同毛本鄭下有一字

鄭兼見君臣視朔之服　要義同毛本見作言

依雜記云　要義同毛本依作案

表之爲褻者　要義同毛本爲下有其字

儀禮注疏卷二十挍勘記終

奉新余成教挍

儀禮疏卷第二十一

唐朝散大夫行大學博士弘文館學士　臣　賈公彥等撰

擯者出請不必賓事之有無〔疏〕擯者出請○注不必至有無○釋曰自此盡以束帛如享禮論享禮之事

賓裼奉束帛加璧享擯者入告出許許受之

庭實皮則攝之毛在內內攝之入設也皮虎豹之皮攝之者右手并執前足左手并執後足毛在內不欲文之豫見也內攝之者兩手相鄉也入設亦參分庭一在南言則者或以馬也凡君於臣臣於君麋鹿皮可也〔疏〕庭實至設也○注皮虎至可也○釋曰知皮是虎豹皮者經云毛在內不欲文之豫見是有文之皮郊特牲云虎豹之皮示服猛也束帛加璧往德也文無所屬則天子諸侯皆得用之此聘使爲君行之故知皮是虎豹之皮也齊語云桓公知諸侯歸已令諸侯輕其幣用麋鹿皮非其正也云攝之者右手并執前足左手并執後足者下云皮右首故云右手執前兩足必以一手執兩足者取兩足相向得掩毛在內俱放又得

毛向外故鄭云內攝之者兩手相鄉也知入設參分庭一在南者見昏禮記納徵執皮攝之內文兼執足左首隨入西上參分庭一在南故知此亦然但此右首彼左首者昏禮象生故與此異也云則者或以馬也者以其皮馬相閒有皮則用皮無皮則用馬故云則見其不定故也云凡君於臣臣於君麋鹿皮可也者云凡君於臣謂使者歸若使卿贈如覿幣及食饗以侑幣酬幣庭實皆有皮故云凡也臣於君謂私覿庭實設四皮及介用儷皮此皆有麋鹿皮故亦云凡也若然大宗伯云孤執皮帛鄭云天子之孤用虎皮諸侯之孤用豹皮得用虎豹者彼所執以爲贄與庭實不同故得用虎豹也

賓入門左揖讓如初外致命張皮張者釋外足見文也〔疏〕賓入至張皮○注張者至文也○釋曰案昏禮記賓致命釋外足見文主人受幣士受皮注云賓致命主人受幣庭實所用爲節此亦然下受皮以授幣爲節也

公再拜受幣士受皮者自後右客自由也從東方來由客後西居其左受皮也執皮者既授亦自前西而出〔疏〕公再至右客○注自由至而出○釋曰云執皮者既授亦自前西而出者此約下私覿時牽馬者自前西向出相類故云亦也

賓出

當之坐攝之象受于賓〔疏〕賓出至攝之○注象受于賓○釋曰云坐攝之者向張皮見文今攝之者還如入時執前後足內文也公側授宰幣皮如入右首而東如入左在前皮右首者變于生也〔疏〕公側至而東○注如入至生也○釋曰云公側授宰幣者上云公側襲側猶獨也此已上側亦獨無人贊之也云如入左在前者皮西張三人入門時先者北面在左西頭爲上餘取皮向東者亦左在前向東爲次第也云皮右首者變于生也者曲禮云執禽者左首士相見贄用雉左頭奉之下大夫執鴈上大夫執羔如執雉皆左首雉雖死以不可生服執之如羔鴈亦從左首象陽今此皮則右首變於生昏禮左首昏禮取象生與此異也聘于夫人用璋享用琮如初禮如公立于中庭以下若有言則以束帛如享禮有言有所告請若有所問也記曰有故則束帛如書以將命春秋臧孫辰告糴于齊公子遂如楚乞師晉侯使韓穿來言汶陽之田皆是也無庭實也〔疏〕若有至享禮○注有言至實也○釋曰云有言有所告請若有所問也者言有所告即告糴之類是也請即乞師之類是也問

即言汶陽之田之類是也鄭據傳而言有此三事皆是有言有言即記云有故一也云有言即有書致之故記云有故則束帛加書以將命也云春秋臧孫辰告糴者事在莊公二十八年也云公子遂如楚乞師者事在僖二十六年也云晉侯使韓穿來言汶陽之田事在成公八年也此三者皆見春秋經引之者證此有言以束帛加書之事也云無庭實也者以經直云束帛如享禮則除束帛之外更無所有故知無庭實也國語云臧孫辰以鬯圭者是告糴之物服注云無庭實也又哀七年左傳云邾茅夷鴻以乘韋束帛自請救于吳求救非法故有乘韋爲庭實也

擯者出請事賓告事畢公事畢賓奉束錦以請覿覿見也鄉將公事是欲交其歡敬也不用羔因使而見非特來〔疏〕擯者至事畢○注覿見至特來○釋曰自此盡從者訝受馬論賓將私覿主人不許而行禮賓之事云鄉將公事者聘享是也云是欲交其歡敬也者聘是公禮非是交歡此行私禮爲交歡敬也案郊特牲云爲人臣者無外交鄭注私覿是外交也者彼謂臣爲君介而行私覿是外交若特行聘則得私覿非外交也故彼上經云大夫執圭而使所以申信也注云其君親來其臣不敢私見於主國君也以君命聘則有私見是也云

不用羔因使而見非特來者謂因爲君聘使而行私見故用束錦非特來若特來則卿用羔也若然案士相見卿初仕見已君及卿皆見以羔見他君得有羔者案尚書有三帛二生二生卿執羔大夫執鴈彼見天子法從朝君而見得有羔若諸侯相朝其臣從君亦得執羔見主君可知其爲君聘則不得執羔見主君也故鄭云因使而見非特來案定公八年經書公會晉師于瓦左傳云范獻子執羔趙簡子中行文子皆執鴈亦是從君見主君法也

擯者入告出辭客有大禮未有以待之〔疏〕○擯者入告出辭○注客有至待之○釋曰云大禮者即上行聘享是也云未有以待之者謂主人未有以待之以禮待之即下禮賓是也故止客私覿即下文行禮賓也

請禮賓

賓禮辭聽命擯者入告告賓許也

宰夫徹几改筵宰夫又主酒食者也將禮賓徹神几改神席更布也賓席東上公食大夫禮曰蒲筵常緇布純加萑席尋玄帛純此筵上下大夫也周禮曰筵國賓于牖前莞筵紛純加繅席畫純左彤几者則是筵孤也孤彤几卿大夫其漆几與〔疏〕宰夫徹几改筵○注宰夫至几與○釋曰云宰夫又主酒食者也者對上宰夫設飧今又主酒食以禮賓也云賓席東上者對

前爲神而西上也云公食大夫禮曰蒲筵萑席此筵上下大夫也者以公食蒲筵萑席二者是爲上下大夫法又引周禮者鄭欲推出上下大夫用漆几也案司几筵云諸侯酢席莞筵紛純加繅席畫純筵國賓于牖前亦如之左彤几注云國賓諸侯來朝孤卿大夫來聘後言几者使不蒙如也朝者彤几聘者彤几但司几筵是天子之官几筵又是諸侯之法又鄭云國賓諸侯來朝孤卿大夫來聘是諸侯與朝聘天子法則孤卿大夫是諸侯之臣也以此言之則天子孤卿大夫几筵與諸侯之臣同可知若然公食大夫筵上下大夫禮同用蒲筵萑席與此席不同鄭注此國賓中卿大夫得與孤同者鄭欲廣國賓之義其實此國賓中唯有諸侯與孤無卿大夫也鄭必知卿大夫漆几者司几筵有五几從上向下序之天子玉几諸侯彤几孤彤几卿大夫漆几下有素几喪事所用差次然也無正文故云與以疑之

公出迎賓以入揖讓如初公出迎者已之禮更端也〈疏〉公出至如初○注公出至端也○釋曰云公出迎者已之禮更端也者前聘享俱是公禮故不出迎此禮賓私禮改更其端序故公出迎也

公升側受几于序端漆几也今文無升宰夫內拂几三

奉兩端以進內拂几不欲塵坋尊者以進自東箱來授君〈疏〉宰夫至以進○注內拂至授君○釋曰知几自東箱來者案覲禮記云几俟于東箱又此經直云進不言升明不從下來從東箱來可知也公東南鄉外拂几三卒振袂中攝之進西鄉進就賓也〈疏〉公東至西鄉○釋曰云中攝之者擬賓用兩手在公手外取之故也擯者告告賓以公授几賓進訝受几于筵前東面俟未設也今文訝爲梧〈疏〉賓進至面俟○注未設至爲梧○釋曰未設而俟者待公拜送訖乃設之故也公壹拜送公尊也古文壹作一〈疏〉公壹拜送○注尊公至作一○釋曰賓再拜稽首公乃壹拜當空首故注云公尊也賓以几辟辟位逡遁北面設几不降階上荅再拜稽首不降以主人禮未成也凡賓左几〈疏〉注不降至左几○釋曰云不降以主人禮未成者案鄉飲酒義云啐酒成禮也於席末據此而言則啐酒爲成禮此設几主爲啐酒今未啐醴故云禮未成也云凡賓左几者對神右几也宰夫實

觶以醴加柶于觶面枋酌以授君也君不自酌尊也宰夫亦洗升實觶以醴自東箱來不面擸不訝授也〈疏〉宰夫至面枋○注酌以至授也○釋曰宰夫亦洗升實觶者經無宰夫升降之文以理亦之者亦上授几時從下而升東箱取几進以授君今又從下升東箱酌醴進以授君故亦之不言宰夫升降者賤略之也云以醴自東箱來者下記云醴尊于東箱瓦泰一有豐是也云不面擸不訝授也者公西面向賓宰夫自東箱來在公傍側並授與公是以下云公側受醴不訝受故不面擸也公側受醴將以飲賓賓不降壹拜進筵前受醴復位公拜送醴賓壹拜者醴質以少為貴〈疏〉注賓壹至為貴○釋曰禮器云禮有以少為貴者今賓於上下皆再拜稽首獨此一拜故鄭據大古之醴質無玄酒配之故壹拜以少為貴也宰夫薦籩豆脯醢賓升筵擯者退負東塾事未畢擯者不退中庭以有宰夫也〈疏〉宰夫至東塾○注事未至宰夫○釋曰云事未畢擯者不退中庭以有宰夫也者案上文擯者退中庭又云擯者進事未畢在中庭可知此下文亦云擯者進相幣

事亦未畢而在東塾故決之若然以有宰夫主飲食之事宰夫所主已雖事未畢猶得負東塾以其閒有事宰夫相已無事故也若無宰夫。在中庭矣

賓祭脯醢以柶祭醴三庭實設 庭實乘馬

疏 注庭實乘馬。釋曰鄭知乘馬者下文私覿賓執左馬以出故知也

降筵北面以柶兼諸觶尚擸坐啐醴 降筵就階上

疏 注降筵就階上。釋曰以左手執觶右手以柶祭醴訖降筵北面以柶兼并於觶兩手奉之尚擸不作上字者尚古今通用也云降筵就階上者以鄉飲酒賓主行禮獻酢卒爵皆各於其階此降筵啐醴明亦在西階之上

公用束帛 致幣也言用尊于下也亦受之于序端

疏 注致幣至序端。釋曰上文郊勞賓用束錦儐勞者下文歸饔餼於上介云大夫用束帛致之皆亦云用獨於此言用尊於下者儐勞者及歸饔餼皆是賓敬君之使者自尊之可知今君親用束帛禮賓故言用尊于下也云亦受之于序端者上公側受几於序端則知此幣亦受之於序端也

建柶北面奠于薦東 糟醴不啐

擯者進相幣 贊以辭

賓降辭幣 不敢當公

禮也公降一等辭辭賓降也栗階升聽命栗階趨君命尚疾不連步疏注栗階至連步○釋曰凡栗階者其始升亦連步於上栗階不過二等今云不連步者謂不從下向上皆連步其始升連步則有之也降拜拜受公辭不降一等殺也疏注不降一等殺也○釋曰案前辭辭幣君降一等今不降故言殺升再拜稽首受幣當東楹北面亦訝受而北面者禮主於己己臣也疏注亦訝至臣也○釋曰前行聘享時賓東面主君西面訝授受但以奉君命故賓不北面此以主君禮己己臣也故北面受異於聘享時也若然上受几受醴亦是己之禮以禮未成故不北面也此禮成故北面也退東面俟俟君拜也不北面者謙若不敢當階然公壹拜賓降也公再拜不俟公再拜者不敢當公之盛也公再拜者事畢成禮也疏注不俟至禮也○釋曰此賓主俱讓公本欲再拜賓見公一拜止則降不敢當公不止遂再拜也云公再拜者事畢成禮也者前受几及醴公送皆一拜注云公尊也今事畢成禮不可亦自尊亢故送幣亦再拜也賓執左馬以出受尊

者禮宜親之也效馬者并左右靮授之餘三馬主人牽者從出也（疏）注受餼至出也○釋曰案下歸饔餼於賓賓儐大夫庭實設乘馬賓用束錦乘馬大夫牽執左馬以出覲禮侯氏至郊王使人用璧勞訖侯氏用束帛乘馬儐使者使者受幣降以左驂出二者皆是尊國寶故也唯上文郊勞賓儐勞執幣揖皮者皮是死物異於馬故也云效馬者并左右靮授之者曲禮云效馬效羊者右牽之效猶呈見故謂牽馬人爲效馬者也云餘三馬主人牽者從出也者以是主人庭實出門乃有從者訝受馬明主人牽者從出可知

上介受賓幣從者訝受馬從者士介（疏）注從者士介○釋曰鄭云從者士介下記文案公食云上介受賓幣從者訝受皮鄭注從者府史之屬不爲士者彼公食是子男之大夫小聘一介其餘皆府史以下故知從者是府史之屬也既夕云賵馬兩士受馬鄭云此士謂胥徒之長有勇力者受馬彼據一廟下士不應更有其屬士故以爲胥徒之長言之也昏禮記云士受皮鄭注士謂若中士下士不命者以其主人爲官長據上士而言也元缺止此

賓覿奉束錦總乘馬二人贊入門右北面奠幣再拜稽首不請

不辭鄉時巳請也覿用束錦辭享幣也總者總八轡牽之贊者居馬閒扣馬也入門而右私事自闑右奠幣再拜以臣禮見也贊者賈人也入賓覿至稽首○注不請至覿也○釋曰之屬介特覿也

疏 自此盡公降立論行私覿之事云不請不辭鄉時巳請也者云不請賓不請不辭主君不辭所以不辭者鄉時巳請覿主人辭之以禮賓賓故今不復請亦不辭之也云覿用束錦辭享幣也者以上文享主君用束帛享夫人用玄纁束帛以今用束錦是辟享幣也云總者至扣馬也者賓一總八轡在前牽之二人贊者各居兩馬閒各用左右手扣一匹故云在馬閒扣馬也云入門而右私事自闑右者玉藻云公事自闑西鄉注云聘享也又云私事自闑東注云覿面也此行覿禮故引之也云奠幣再拜以臣禮見也者謂由闑東介又不從又自牽馬又不升堂入幣皆是以臣禮見也云贊者賈人之屬者旣行臣禮不使介從明贊者是賈人之屬從行者云介特覿也者主君辭賓賓入門左則介五人隨入門西北面西上其介五人行覿禮各自特行無介從爲特覿也

擯者辭辭其臣賓出事畢擯者坐取幣出有司二人牽馬以從出門西面于東塾南將還之也贊者有司受馬

乃出凡取幣于庭北面（疏）注將還至北面○釋曰云賓者有司受馬乃出者賓出之時賓抑馬者未得出待人受馬乃得出所以然者幣可奠之於地其馬不可散放故待人受之乃可以出故云有司受馬乃出也云凡取幣于庭北面者言凡非一此時辭賓更出取幣後門右禮訖又取幣皆北面又衆介奠幣擯者取亦北面故云凡以廣之也

擯者請受請以客禮受之賓禮辭聽命賓受其幣賛者受馬牽馬右之入設庭實先設客禮也右之欲人居馬左任右手便也於是牽馬者四人事得申也曲禮曰效馬效羊者右牽之（疏）牽馬右之入設○注庭實至牽之○釋曰云庭實先設客禮也者對前入門右時賓奉束錦總乘馬一時入無先後之別是臣禮今此入設下經乃云賓奉幣是先設庭實客禮也云於是牽馬者四人事得申也者知四人者若如前賛者二人則不得云右之既言右之明人牽一匹不須賓牽之事得申人牽一匹賓不捴牽是也引曲禮者欲見牽馬在右禮之常彼效馬效羊謂尊者之物使養之今來呈見此取一邊牽之法義不與彼同也

賓奉幣入門左介皆入門左西上以客禮入可從介（疏）注以客至從介

○釋曰對入門右行臣禮不得從介也公揖讓如初升公北面再拜公再拜者以其初以臣禮見新之也疏公揖至再拜○注公再拜至之也○釋曰臣禮見謂初入門右是以今再拜新之也知此不爲拜至者下記云以賓不於是始至私覿固非始至而爲再拜明爲臣禮見新之也

賓三退反還負序反還者不敢與授圭同疏賓三至負序○注反還至圭同○釋曰云反還者不敢與授圭同者上行聘時三退負序不言反還故決之也

振幣進授當東楹北面不言君受畧之也疏注不言至之也○釋曰此決聘享皆言公受此乃私覿故畧之不言其公受也

士受馬者自前還牽者後適其右受自由也適牽者之右而受之也此亦並授者不自前左由便也便其已授而去也受馬自前變於受皮疏士受至右受○注自由至受皮○釋曰此庭實之馬四匹在庭北面西上牽馬者亦四人各在馬西以右手執馬而立士受馬者從東方來由馬前各適牽馬者之前還遶其後適牽馬者之東馬西而受之牽馬者自前行而出之云此亦並授者不自前左由

便也者鄉飲酒之等於西階之上皆授由其右受由其左今乃受馬者不自左而由其右受者使授馬者授訖右迴其身於出時爲便故鄭注云便其已授而去也云受馬自前變於受皮者上受享庭實之皮受皮者自後右客鄭注云自由也從東方來由客後西居其左受皮也此亦從東而來由馬前者馬是生物恐驚故由前是變於受皮也

牽馬者自前西乃出自由也(疏)牽馬至乃出○釋曰四馬並北面牽馬者皆在馬西上既受馬其最西頭者便卽出門不須由馬之前其次東三匹者皆由西於馬前而出故云牽馬者自前西乃出據三人而言也

賓降階東拜送君辭拜送幣于階東以君在堂鄉之(疏)賓降至君辭○注拜送至鄉之○釋曰此言賓拜送幣者私覿已物故也前享幣不拜送者致君命非已物故也

拜也君降一等辭君乃辭之而賓由拜敬也(疏)注君乃至敬也○釋曰經上云拜送而云君辭君辭復云拜也是其君乃辭之賓由拜者敬主國君故也

擯者曰寡君從子雖將拜起也此禮固多有辭矣未有著之者是其志而煥乎未敢明說(疏)注此禮至明說○釋曰云此禮

固多有辭矣者謂此一禮之內賓主之辭固多有辭矣但周公作經未有顯著明言之者直云辭耳此及公食皆著其辭此二者是志記之言煥乎可見云未敢明說者據此二者觸類而長之餘辭亦可以意量作但疑事無質未可造次明說故上注每云其辭未聞也栗階升公西鄉賓階上再拜稽首成拜公少退為敬賓降出公側授宰幣馬出廟中宜清【疏】賓降至馬出○注廟中宜清○釋曰云公側授宰幣不言出言馬出者以廟中宜清潔出就廄幣不言出與上皮幣同皆以東入藏之故記云賓之幣唯馬出其餘皆東注云馬出當就廄也餘物皆東藏之內府是幣不出之義也公降立擯者出請上介奉束錦士介四人皆奉玉錦束請覿玉錦錦之文纖縟者也禮有以少文爲貴者後言束辭之便也【疏】公降至請覿○注玉錦至便也○釋曰自此盡舉皮以東論上介衆介行私覿之事云玉錦錦之文纖縟者也者案聘義孔子論玉而云縝密以栗知也是玉有密致錦之纖縟似玉之密致者云禮有以少文爲貴者禮器直云有以文爲貴者有以少爲

貴者無少文爲貴之語但有以少爲貴以文爲貴明亦有以少文爲貴故鄭以義而言之也

擯者入告出許上介奉幣儷皮二人贊儷猶兩也上介用皮變於賓也皮麋鹿皮

疏注上介用皮變於賓○釋曰賓用馬今上介用皮故云變於賓也

皆入門右東上奠幣皆再拜稽首皆者皆衆介也贊者奠皮出

疏注贊者奠皮出○釋曰鄭知贊者奠皮出者下云有司二人舉皮從其幣出無人授之明贊者奠即出可知

擯者辭亦辭其臣介逆出亦事畢也擯者執上幣士執衆幣有司二人舉皮從其幣出請受此請受請于上介也擯者先即西面位請之釋辭之時衆執幣者隨立門中而俟

疏注此請至而俟○釋曰云此請受請于上介也者對前賓此請上介亦不請衆介也知擯者先即西面位請之者以其上介等先立門西東面故擯西面對之云釋辭之時衆執幣者隨立門中而俟者以其請受之下經云委皮南面執幣者西面故知當請之時立于門中可知言隨者謂相隨從故昏禮記云納徵執皮隨入注云

爲門中阸狹記云凡庭實隨入左先明此出時亦隨出而立也案匠人云廟門容大扃七个注大扃牛鼎之扃長三尺七个則二丈一尺闑東明不得並出也

委皮南面

擯者既釋辭執衆幣者進即位有司乃得委之南面便其復入也委皮當門

【疏】注擯者至當門○釋曰云擯者既釋辭執衆幣者進即位有司乃得委皮者既以前文云舉皮者從其幣出皮在後可知隨立門中之時未得委皮明執幣者進即位乃得委皮也云南面便其復入也委皮當門者此決執幣者西面其皮不西面委之者以皮入右首右先故南面橫委於門中當門北上執皮者北面受之而乃入便故也

執幣者西面北上擯者請受

請于上介也上言其次此言其位互約文也

【疏】注請于至文也○釋曰上文擯者執上幣注云請受請于上介也此雖衆介所請亦請上介上介尊故也云上言其次此言其位互約文也者上云擯者執上幣士執衆幣有司二人舉皮從其幣出請受是其次也此言委皮南面執幣者西面北上是其位也言互者此言西面北上則上當有北面東上之文下云士介覿幣時士三人東上坐取幣立是也此宜有士執衆幣立於南面之文如是者互文也言約者雖互見其文文猶不備若欲備文當上取歸

賓幣之文下取歸士介幣之文以理推約之乃備也若然上當言擯者執幣士四人北面東上坐取幣從有司二人坐舉皮從其幣出隨立於門中擯者出門西面于東塾南請受士執幣者進立擯南西面北上執皮者南面委皮於門中北上如是乃爲文備也

介禮辭聽命皆進訝受其幣此言皆訝受者嫌擯者一一授之疏注此言至授之○釋曰此言皆訝受者嫌擯者一一授之者案上受享皮及賓私覿之馬並不云皆此獨云皆者嫌擯者獨請上介請先授上介幣故言皆明不一一授同時訝受可知也享幣無門外授先後之法故不言皆

上介奉幣皮先入門左奠皮皮先者介隨執皮者而入也入門左介至揖位而立執皮者奠皮以有不敢授之義古文重入疏注皮先至重入○釋曰云介至揖位而立者謂賓覿時幣入門左介皆入門左西上公揖讓如初外賓至此待揖而後進明此介亦至揖位而立云執皮者奠皮以有不敢授之義者案享時庭實使人執之昏禮庭實亦使人執之亦皆東不奠於地以其得親授主人有司此奠之不敢授故下。二人坐舉皮明不授也

公再拜拜。中庭也不受于堂介賤也疏注拜中至賤也○釋曰知拜中

庭者上云公降立不見更有進退之文自受享以來降立皆在中庭故知此公拜亦中庭可知也

介振幣自皮西進北面授幣退復位再拜稽首送幣進者北行參分庭一而東行當君乃復北行也疏注進者至行𧿹也○釋曰介初在揖位君在中庭負皮近西故介發揖位經皮西北出三分一乃東行北向當君乃北行至君所乃授幣故云自皮西進北面授幣也

介出宰自公左受幣不側授介禮輕疏介出至受幣○注不側授介禮輕○釋曰案賓覿禮云側授宰幣此不云側授故云介禮輕宰自公左受即是側不云側者當有贊者於公受轉授宰故云介禮輕也

有司二人坐舉皮以東擯者又納士介納者出道入也疏擯者又納士介○注納者出道入也○釋曰自此盡序從之論士介行私覿之事云納者出道入也者謂若燕禮大射小臣納卿大夫出道入之也

士介入門右奠幣再拜稽首終不敢以客禮見疏注終不至禮見○釋曰上介奠幣訖辭之終以客禮是士介卑奠幣出私覿即了終不敢以客禮見也

擯者辭介逆出擯者執上幣以出禮請受賓固辭禮請受者一請受而聽之也賓爲之辭士介賤不敢以言通於主君也固衍字當如面大夫也〔疏〕擯者至固辭○注禮請至大夫也○釋曰知固衍字當如面大夫者案下士介面大夫時擯者執上幣出禮請受賓辭無固字故知此固衍字當如士介面大夫公荅再拜擯者出立于門中以相拜擯者以賓辭入告還立門中閾外西面公乃遥荅拜也相者贊告之〔疏〕注擯者至告之○釋曰鄭知擯立門中閾外西面者以公在內賓在門外之西東面擯者兩處相之明居閾外西面向賓告之也士介皆辟辟於其東面位逡遁也士三人東上坐取幣立俟擯者執上幣來也〔疏〕士三至幣立○注俟擯至來也○釋曰上文擯者執上幣以出賓辭之士介皆辟之乃云士三人取幣立擯者執上幣始來明士三人立俟之可知也擯者進就公所也〔疏〕擯者進○注就公所也○釋曰以公在庭故擯者自門外來進向公左授幣與宰也宰夫受幣于中庭以東

使宰夫受于士士介幣輕也受之于公左賓幣公側授宰上介幣宰受于公左士介幣宰夫受于士敬之差〔疏〕注使宰至之差〇釋曰云使宰夫受于士者以上文士三人取幣明此宰夫所受受于士也知受之於公左者禮記少儀云贄幣自左是以凡受幣皆於公左也云賓幣公側授宰者即上文公側授宰幣于序端是也云上介幣宰受於公左者即上云庭中宰自公左受之是也云士介幣宰夫受于士者即經文是也在公左受之是尊卑不同敬之差也𨷂所受之雖不同及其以東其藏并是宰夫宰夫幣所主故也

執幣者序從之序從者以宰夫當一一受之

擯者出請賓告事畢賓既告事畢衆介逆道賓而出也〔疏〕擯者至事畢〇注賓既至出也〇釋曰自此盡不顧論事畢送賓之事云衆介逆道賓而出也者介爲首賓爲尾謂逆道也必知有逆出者上文聘訖云賓降介逆出又聘夫人私覿亦介逆出諸聘禮之等皆逆出故知此亦逆出可知也

擯者入告公出送賓公出衆擯亦逆道紹擯及賓並行閒亦六步

及大門內

公問君鄉以公禮將事無由問也賓至始入門之位北面將揖而出衆介亦在其右少退西上於此可以問

君居處何如序殷勤也時承擯紹擯亦於門東北面東上上擯往來傳君命南面藩伯玉使人於孔子孔子問曰夫子何爲此公問君之類也〔疏〕及大至問君○注鄭以至類也○釋曰云衆介亦在其右少退西上者案上賓初入門左鄭注云由賓位也衆介隨入北面西上少退今賓出至入門之位將北面拜君而後出故知其位亦當初入門之位此位前後皆約聘享入廟北面西上之位也云時承擯紹擯亦於門東北面東上上擯往來傳君命者亦約常朝入門門東北面東上之揖位上擯往來相君自是其常引論語者彼雖非聘亦是大夫使人往來法問夫子何爲亦是問君之類故云之類也

賓對公再拜拜其無恙公拜賓亦辟〔疏〕注拜其至亦辟○釋曰案爾雅釋言恙憂也言亦者亦初迎賓入門主君拜賓辟故云亦也

公問大夫賓對公勞賓賓再拜稽首公荅拜勞以道路之勤公勞介介皆再拜稽首公荅拜賓出公再拜送賓不顧公既拜客趨辟君命上擯送賓出反告賓不顧於此君可以反路寢矣論語說孔子之行曰君召使擯色勃如也足躩如也賓退必

復命曰賓〔疏〕公勞至不顧○注公既至顧矣○釋曰云賓不顧矣不顧據上擯送賓復迴謂君云賓不顧矣故引孔子事爲證若然此送賓是上擯則卿爲上擯孔子爲下大夫得爲上擯者以孔子有德君命使攝上擯若定十年夾谷之會令孔子爲相同也

賓請有事於大夫請問問卿也不言問聘聘亦問也嫌近君也上擯送賓出賓東面而請之擯者反命因告之〔疏〕賓請至大夫○注請問至告之○釋曰自此盡亦如之論賓請問大夫訖即館卿大夫勞賓介之事云不言問聘聘亦問也嫌近君也者對文大聘曰聘小聘曰問摠而言之問聘一也不得云問卿若言問近君矣故云有事于大夫也鄭云擯者反命因告之者但從朝以來行聘享行禮賓之事事已煩矣今日即請未可即行故云反命因告之告之使知而已是以賓至館行勞賓介及受饔餼終日有事明日乃行問卿之禮也賓所請問卿宜云有事于某子故下記云幣之所及皆勞鄭云所以知及不及者賓請有事固曰某子某子是也

公禮辭許禮辭一辭賓即館小休息也即就也〔疏〕賓即館○注小休息也○釋曰言休息者據此一日之間其事多矣明旦行問卿暫時止息故云小休息也

卿大夫勞賓

賓不見以已公事未行上介以賓辭辭之疏注以已至辭之。釋曰以已公事未行者其聘享公事已行仍有問大夫之等公事未行故不敢見云上介以賓辭辭之者以經云賓不見明上介以賓辭辭之可知是以下言上介受明此上介辭也大夫奠鴈再拜上介受不言卿卿與大夫同執鴈下見于國君周禮凡諸侯之卿見朝君皆執羔疏大夫至介受。注不言至執羔。釋曰云周禮者案周禮秋官掌客云凡諸侯之禮上公五積卿皆見以羔侯伯四積卿皆見以羔是主國之卿見朝君皆執羔引之證主國卿見聘客不得執羔與大夫同用鴈不見朝君故也勞上介亦如之君使卿韋弁歸饔餼五牢變皮弁服韋弁敬也韋弁韎韋之弁兵服也而服之者皮韋同類取相近耳其服蓋韎布以爲衣而素裳牲殺曰饔生曰餼今文歸或爲饋疏君使至五牢。注變皮至爲饋。釋曰自此盡無償論主君使卿歸饔餼於賓介之事云變皮弁服韋弁敬也者案周禮春官司服王之吉服有九祭服之下先云兵事韋弁服後云視朝皮弁服則韋弁尊於皮弁今行聘享之事等皆皮弁至歸饔餼則韋弁故云敬也云韋弁韎韋之弁兵服也者鄭知弁用韎韋者案司服注鄭引春秋傳曰晉郤至衣韎韋之跗注又云今時五伯緹衣古兵服之遺色故知用韎韋也韎即赤色以赤韋爲弁也云兵服者司服云凡兵事韋弁服故云兵服也云服之者皮韋同類取相近耳者有毛則曰皮去毛熟治則曰韋本是一物有毛無毛爲異故云取相近耳云其服蓋韎布以爲衣而素裳者此無正文但正服則鄭注司服云韋弁以韎韋爲弁又以爲衣裳又晉郤至衣韎韋之跗注鄭志解此跗注以跗爲幅以注爲屬謂制韋如布帛之幅而連屬爲衣及裳今此鄭云以韎布爲衣而素裳全與兵服異者鄭以意量之此爲賓館於大夫士之廟既爲入廟之服不可純如兵服故爲韎布爲衣而素裳鄭志兵服以其與皮弁同白舄故以素裳解之此言素裳又與鄭志同若然唯變其衣耳以無正文故云蓋以疑之也云殺曰饔生曰餼者周禮有內饔外饔皆掌割亨之事詩云有母之尸饔故知殺曰饔生曰餼者以其對饔是腥飪故知餼是生故下云餼二牢皆活陳之也

上介請事賓朝服禮辭朝服示不受也受之當以尊服

疏上介至禮辭。注朝服至尊服。釋曰鄭知義然者案下云賓皮弁迎大夫是受之用皮弁爲尊服明此著朝服朝服畢於皮弁是示不受言示不受終受之也

有司

入陳入賓所館之廟陳其積疏有司入陳。注入賓至其積。釋曰案上文直云致館及即館不辨廟與正客館之名案下記云卿館於大夫大夫館於士皆是大夫士之廟下文又云揖入及廟鄭據此而言明陳之於廟也曾子問孔子云卿大夫士之家曰私館即卿大夫士之廟一也孔子又云公館與公所爲曰公館鄭注云公館若今縣官宮也彼是正客館彼此兩言之者若朝聘使少則皆於正客館若使多則有在大夫廟多少不定兩言之也案大行人及掌客積與饔餼各別此注以饔餼爲陳其積者對文饔餼與積別散文揔是委積故云積也

饔謂飪與腥疏饔。注謂飪與腥。釋曰知者上揔言饔餼五牢下陳有三處據此饔下云飪一牢腥二牢下又別云餼二牢故知饔別飪腥二者也若然飪與腥共以饔目之者以其同是死列之以鼎故也

飪一牢鼎九設于西階前陪鼎當內廉東面北上上當碑南陳牛羊豕魚腊腸胃同鼎膚鮮魚鮮腊設扃鼏膷臐膮蓋陪牛羊豕陪鼎三牲臛膷臐膮陪之庶羞加也當內廉辟

堂塗也腸胃次腊以其出牛羊也膚豕肉也唯燖者有膚此饌先陳其位後言其次重大禮詳其事也宮必有碑所以識日景引陰陽也凡碑引物者宗廟則麗牲焉以取毛血其材宮廟以石窆用木

疏　注陪鼎至用木○釋曰案公食大夫庶羞也以非正饌故在正鼎後而言加也云當內廉辟堂塗也者正鼎九雖大判繼階而言其云于階前則階東稍遠故陪鼎猶當內廉也而辟堂塗堂塗之內也云腸胃次腊以其出牛羊也鄭言此者以其膚是豕肉腸胃是腹內之物而在內前者以其腸胃出於牛羊故在膚前列之也云膚豕肉也唯燖者有膚者君子不食圂腴犬豕曰圂若然牛羊有腸胃而無膚豕則有膚而無腸胃也且豕則有膚豚則無膚故士喪禮豚皆無膚以其皮薄故也縱豕以四解亦無膚故既夕大遣奠少牢無膚以其豚解故也云此饌先陳其位後言其次重大禮詳其事也者先陳其位者南陳已上是也後言其次者牛羊豕已下是也案設飧時直云飪一牢在西鼎九羞鼎三腥一牢在東鼎七直言西九東七不言次陳位飧是小禮輕之故也云宮必有碑所以識日景引陰陽也者言宮必有碑者案諸經云三揖者鄭注皆云入門將曲揖既北面揖當碑揖若然士昏及此聘禮是大夫士廟內皆有碑矣鄉飲酒鄉射言三揖則庠序之內亦有碑矣祭義云君牽牲

麗于碑則諸侯廟內有碑明矣天子廟及庠序有碑可知但生人寢內不見有碑雖無文兩君相朝燕在寢豈不三揖乎明亦當有碑矣言所以識日景者周禮匠人云爲規識日出之景與日入之景者自是正東西南北此識日景唯可觀碑景邪正以知日之早晚也又云引陰陽者又觀碑景南北長短十一月日南至景南北最長陰盛也五月日北至景南北最短陽盛也二至之閒景之盈縮陰陽進退可知云凡碑引物者宗廟則麗牲焉以取毛血者云凡碑引物則識日景引陰陽皆是引物則宗廟之中是引物但廟碑又有麗牲麗繫也案祭義云君牽牲麗于碑以其鸞刀以取血毛毛以告純血以告殺兼爲此事也云其材宮廟以石窆用木者此雖無正文以義言之葬碑取縣繩縴暫時之閒往來運載當用木而已其宮廟之碑取其妙好又須久長用石爲之理勝於木故云宮廟以石窆用木也是以檀弓云公室視豐碑三家視桓楹時魯與大夫皆僭言視桓楹桓楹宮廟兩楹之柱是葬用木之驗也

腥二牢鼎二七無鮮魚鮮腊設于阼階前西面南陳如飪鼎二列

有腊者所以優賓也

【疏】腥二至二列○注有腥至賓也○釋曰云優賓者案下文士四人皆餼大牢無

腥是不儷之也

堂上八豆設于戶西西陳皆二以並東上韭菹其南醓醢屈戶室戶也東上變于親食賓也醓醢汁也屈猶錯也今文並皆爲併

【疏】堂上至醢屈○注戶室至爲併○釋曰云設于戶西西陳皆二以並東上韭菹其南醓醢屈者謂其南東上醓醢醓醢西昌本昌本西麋臡麋臡西菁菹菁菹北鹿臡鹿臡東葵菹葵菹東蝸醢蝸醢東韭菹韭菹案周禮天官醢人朝事之豆有八韭菹醓醢昌本麋臡菁菹鹿臡茆菹麋臡饋食之豆葵菹蠃醢此經直云韭菹醓醢屈知此昌本以下八豆者案公食下大夫六豆韭菹醓醢昌本麋臡菁菹鹿臡又云上大夫八豆鄭注云記公食上大夫異於下大夫之數豆加葵菹蝸醢以充八豆若然案朝事八豆菁菹鹿臡下仍有茆菹麋臡不取而取饋食葵菹蝸醢者案少牢正祭用韭菹醓醢葵菹蝸醢饋事饋食之豆兼用之明此賓上大夫亦兼用朝事饋食之豆以充八豆可知云東上者變於親食賓也者案公食大夫公親食賓云宰夫自東房薦豆六設于醬東西上此云東上是變於親食賓也云屈猶錯也者猶下經錯黍此經菹菹。不自相當皆交錯陳之故云錯也

八簋繼之黍其南稷錯黍在北

八簋至稷錯○注黍在北○釋曰云繼者繼八豆以西〔疏〕陳之云八簋者此陳之次第與八豆同故鄭云屈猶錯也八豆言屈八簋言錯者以八豆之實各別直次第屈陳之則得相變故云屈也八簋唯有黍稷二種雖屈陳之則閒雜錯陳之使當行黍稷閒錯不得並陳設亦相變故鄭下注几饌屈錯要相變是也

六鉶繼之牛以西羊豕豕南牛以東羊豕

鉶羹器也〔疏〕六鉶至羊豕○注鉶羹器也○釋曰此不言綪屈錯者綪文自具故不言之也案此文上下綪屈錯似各別鄭此注屈猶錯士喪禮陳衣於房中南領西上綪注云綪屈又似不別者云綪屈二者下手陳之少異屈者句而屈陳之綪者直屈陳之不爲句陳訖則相似故注士喪禮云綪猶屈言錯者閒雜而陳之與綪屈同或句屈陳而錯此文是也或綪陳如錯公食大夫是也故公食大夫云宰夫設黍稷六簋于俎西二以並東北上黍當牛俎其西稷錯以終南陳是其直綪錯之也

兩簠繼之粱在北

簠不次簋者粱稻加也凡饌屈錯要相變〔疏〕注凡饌至相變○釋曰凡豆及簋之數皆耦兩兩自相對而陳之屈錯不相對者欲使陳設者其要殺各得相變不使相當其六鉶綪者牛及豕二者相變

羊豕相當不相變以其大牢牛羊豕不搦故羊豕不得變也八壺設于西序北上二以並南陳壺酒尊也酒蓋稻酒粱酒不錯者酒不以雜錯爲味〔疏〕八壺至南陳○注壺酒至爲味○釋曰鄭云蓋稻酒粱酒也者以下夫人歸禮醙黍清各兩壺此中若有黍不得各二壺若三者各二壺則止有六壺與夫人歸禮同又不得各三壺若三者各三壺則九壺不合八數止有稻粱無正文故云蓋以疑之鄭知不直有稻黍而爲稻粱者稻粱是加相對之物故爲稻粱也此陳饔餼堂上及東西夾簋有二十簠六上文設飧時與此堂上及西夾其對則簋十四簠四案掌客設飧公侯伯子男簠同十二公簠十侯伯簠八子男簠六又皆陳饔餼其死牢加飧之陳如何此中飧之簋數及饔餼之簠數皆多於君者彼是君禮自上下爲差此乃臣禮或多或少自是一法不可以彼相並又此中致饔餼於賓醯醢百甕米百筥周禮上公甕筥百二十侯伯甕筥百子男甕筥八十子男少於此卿大夫禮禮或損之而益此其類也西夾六豆設于西墉下北上韭菹其東醯醢屈六簋繼之黍其東稷錯四鉶繼

之牛以南羊羊東豕豕以北牛兩簠繼之粱在西皆二以並南陳六壺西上二以並東陳東陳在北墉下统於豆〔疏〕西夾至東陳○釋曰六豆者先設韭菹其東醯醢又其東昌本南麋臡麋臡西菁菹又西鹿臡此陳還取朝事之豆其六簋四鉶兩簠六壺東陳其次可知義復與前同也

儀禮疏卷第二十一

元缺第四葉第八葉今補

大清嘉慶二十年重
用文選樓藏本校

江西督糧道王賡言廣豐縣知縣阿應鱗栞

儀禮注疏卷二十一挍勘記　　阮元撰盧宣旬摘録

庭實

下云皮右首　毛本首誤作手

兩手相鄉也　閩本鄉誤作䣊

彼所執以爲贄　要義無彼字

故得用虎豹也　毛本豹下有皮字

公側授宰幣　毛本授誤作受

以不可生服　以陳閩俱作亦

若有言

若有所問也　張氏曰監本無有字

謂卽乞師之類是也　要義無卽字

事在僖二十六年也　要義同毛本僖下有公字

服注云無庭實也　也要義作者

擯者入告

卽下文行禮賓也　毛本通解文下有先字

宰夫徹几改筵

加萑席尋　萑陳本注作莞疏作萑閩本注疏俱作莞

使不蒙如也　要義同毛本也作世

諸侯彫几　通解要義同毛本彫作雕

宰夫內拂几三

不欲塵坋尊者陸氏曰坋或作被

公東南鄉

云中攝之者毛本作宰夫奉几兩端故公中攝之通解楊氏俱同

擬賓用兩手楊氏同毛本通解擬上有復字

在公手外取之故也在陳閩俱作自

北面設几

几賓左几上几字集釋通解俱作几張氏曰疏上几作凡從疏

云凡賓左几者云凡此本誤倒陳本楊氏凡俱作几按張氏曰疏上几作凡則張氏所據本凡字亦在云下

宰夫實觶以醴

不許授也 授楊氏作受

今又從下升 又陳本作亦

醴尊于東箱 要義同毛本醴作禮○按作醴與記文合下句瓦泰一有豐泰作大是也

賓不降壹拜 壹楊氏作一注同

宰夫薦籩豆脯醢

以其閒有事宰夫相 毛本無事字

在中庭矣 在上陳閩通解楊氏俱有則字

降筵北面○尙擸 擸聶氏從木按說文無檝字手部擸理持也又擖刮也士冠禮面葉注云古文葉爲擖然則今文作葉古文作擖或作擸擸擖雖皆說文所有宜以擸爲正凡字之从巤者俗皆从葛如臘鬣獵之類故又爲擖後人以檝从木并擸字亦从木非也少儀曰執箕膺擖箕舌也字亦當作擸弟子職作揲揲卽葉耳其字亦從手

公用束帛

賓用束錦儐勞者 儐，陳、閩、監本俱作擯。

獨於此言用尊於下者，儐勞者及歸饔餼，皆是賓敬君之使者，自尊之可知 自尊於至者自二十字，陳、閩俱無。

建柶

糟醴不啐 張爾岐曰：啐字誤。周學健云：當作卒。上言啐醴，則非不啐明矣。不卒爵，故建柶而奠之。他篇疏文引此者亦誤。○按：此本士冠疏引此作卒。集釋此節釋辭已缺，尚存不卒觶三字。戴震云：似集釋所見本亦作卒。

公壹拜

賓見公一拜止 陳、閩、通解俱無止字。

上介受賓幣

據上士而言也 也要義作之

賓覿

居馬間扣馬也 按疏引注故云下居作在而誤爲居乃疏文居誤爲在也

公揖讓如初

禮不拜至 不陳閩俱作右按記文作至

士受馬者

士受馬者從東方來 要義同毛本馬下無者字陳閩從下俱有者字

使授馬者授訖 要義同毛本授作受

拜也

而賓由拜 由楊敖俱作猶浦鏜云由古通猶

擯者執上幣

對前賓此請上介　毛本賓此作擯出陳閩出俱作者

隨立門中而俟者　門中陳閩俱倒下立于門中可知同

闑東明不得並出也　朱子曰闑東下當有脫字

委皮南面

委皮當門者　當陳閩俱誤作南

執幣者

當上取歸賓幣之文　上取二字陳閩俱倒

下取歸士介幣之文　陳閩俱無取字

介禮辭

嫌擯者一一授之一一徐本作二張云注曰嫌擯者一一授之監杭本以一一爲二從巾箱嚴本

上介奉幣

故下二人坐舉皮二人要義作云○按當作故下云二人坐舉皮

公再拜

拜中庭也拜下敖有於字

介出

不側授徐本集釋同毛本授作受

擯者辭

一請受而聽之也楊無受字

公問大夫毛本問誤作門

賓請有事於大夫

不言問聘　盧文弨云此聘字疑衍

賓即館

小休息也　徐本通解同毛本小作少

君使卿韋弁

自此盡無儐　儐陳閩俱作擯

今時五伯緹衣　五百五伯通用

鄭志解此跗注　志通解作注

此爲賓館於大夫士之廟　廟爲賓陳閩俱作賓而

皆掌割亨之事　毛本亨作烹○按亨與周禮合

上介請事

賓皮弁迎大夫陳本同毛本賓作實

有司入陳

若今縣官宫也浦鏜云舍誤官

則有在大夫廟有陳閩俱作自

饔

列之以鼎故也之陳閩俱作子也陳閩俱作出

飪一牢

三牲腥諸本同釋文集釋毛本腥作腥

唯㷉者有膚陸氏曰㷉一本作爓音潛膚嚴本作獻

引陰陽也朱子曰引引疑當作別周學健云別字同直截或以繩著碑引之而定方位則引字亦可解敖氏集說改別

凡碑引物者引嚴本作別按上引字可作別此引字不可作別嚴本誤也

而辟堂塗堂塗之內也堂塗陳閩俱不重

縱豖以四解縱上陳閩俱有故字

以其豚解故也要義同毛本其作比○按其字是

案設殯時直云要義同毛本無時字

旣北面揖要義同通解毛本旣下有曲字

此識曰景陳本要義同毛本此作比

是葬用木之驗也要義同毛本是上有腥字○按毛本非也

腥二牢

有腊者所以優賓也　毛本腊作腥徐本作腊張曰注曰有腊者所以優賓按疏腊作腥經曰無鮮魚鮮腊今注作有腊傳寫誤也當從疏

堂上八豆

謂其南東上醓醢　毛本無南字

異於下大夫之數豆　毛本數豆作豆數○按此本倒

仍有茆菹麋臡　有字閩本擠入陳本無茆字

此經菹菹不自相當　毛本菹作醢○按菹字不當有此本非也

儀禮注疏卷二十一挍勘記終　奉新余成教挍

儀禮疏卷第二十二

唐朝散大夫行大學博士弘文館學士臣賈公彥等撰

饌于東方亦如之東方東夾室西北上亦非菹其東醢醢也〔疏〕饌于至北上○釋曰云西北上者則於東壁下南陳西北有非菹東有醢醢次昌本次南麋臡次西有菁菹次北有鹿臡亦屈錯也上西夾饌六豆直言北上不云西北上此東夾獨云西北上者以其西夾言北上其東醢醢是西北上可知此東夾饌若不言西西北上恐東夾饌從東壁南陳以東北為上其西有醢醢與西夾相對陳之故云西北上見雖東夾其陳亦與西夾同是以鄭云亦非菹其東醢醢也

壺東上西陳亦在北墉下統於豆醢醢百甕夾碑十以爲列醢在東夾碑在鼎之中央也醢在東醢穀陽也醢肉陰也〔疏〕醢醢至在東○注夾碑至陰也○釋曰案既夕禮云甕三醢醢屑鄭注云甕瓦器其容亦蓋一觳旊人云簋實一觳又云豆實三而成觳四升曰豆則甕與簋同受斗二升也禮器云五獻之尊門外缶門內壺君尊瓦甒注

云壺大一石瓦甒五斗即此壺大一石也云夾碑在鼎之中央也者上陳鼎云西階前陪鼎當内廉東面北上上當碑南陳下腥鼎亦如之此言夾碑自然在鼎之中央可知云醯在東醢穀陽也醢肉陰也者醯是釀穀爲之酒之類在人消散故云陽醢是釀肉爲之在人沈重故云陰也大宗伯云天産作陰德地産作陽德注云天産六牲之屬地産九穀之屬以六牲爲陽九穀爲陰與此醯是穀物爲陽違者物各有所對六牲動物行蟲也故九穀爲陰郊特牲云鼎俎奇而籩豆偶陰陽之義也又以籩豆醯醢等爲陰鼎俎肉物揔爲陽者亦各有所對以鼎俎之實以骨爲主故爲陽籩豆穀物故爲陰也有司徹注又以庶羞爲陽内羞爲陰者亦羞中自相對内羞雖有糝食是肉物其中有糗餌粉餈食物故爲陰庶羞肉物故爲陽也

餼二牢陳于門西北面東上牛以西羊豕豕西牛羊豕

餼生也牛羊右手牽之豕東之寢右亦居其左〔疏〕餼二至羊豕○注餼生至其左○釋曰先言饔後言餼者陳者先以孰爲主是以先陳饔饔下即陳孰物繼之故六豆以下相次此餼是生物其下次陳芻薪米禾之等相繼也云牛羊右手牽之者曲禮云效馬效羊者右牽之以不噬齧人用右手便也言右手牽

之則人居其左也云豕東之寢右亦居其左者豕東縛其足
亦北首寢臥其右亦人居其左案特牲云牲在其西北首東
足鄭注云東足者尚右也與此不同者彼祭禮法用右胖故
寢左上右士虞記云陳牲于廟門外北首西上寢右鄭注寢
右者當升左胖也變吉故與此生人同也

米百筥筥半斛設于中庭十以爲列北上黍粱稻皆二行稷四行

庭實固當庭中言當中庭者南北之中也東西爲列列當醯醢南
亦相變也此言中庭則設碑近如堂深也

【疏】米百至四行○注庭實至深也○釋曰云庭實固當庭中言當中庭者南北之中
也者上事時直言庭實入設不言中庭則在東西之中其南
北三分庭一在南此更言中庭欲明南北之中也上文公立
於中庭宰受幣於中庭皆南北之中也知北上東西爲行者
以經云北上黍粱稻皆兩行稷四行若南北縱陳止得言東
西不得言北北上何者以黍粱稻及稷當行皆一種無上下故
也明橫陳可知黍兩行在北次粱兩行次稻兩行次南稷四
行所以不用稻爲上者稻粱是加黍稷是正故黍爲上端稷
爲下端以見上下而稻粱居其閒亦相變者亦上錯屈錯之
義云此言中庭則設碑近如堂深也者陳鼎上當其碑南向

陳之醢醢夾碑在鼎中央亦南向陳之今米爲筥在醢醢之南北之中則碑近北可知言堂深者猶若設洗南北以堂深相似若然碑東當洗矣

門外米三十車車秉有五籔設于門東爲三列東陳大夫之禮米禾皆視死牢秉籔數名也秉有五籔二十四斛也籔讀若不數之數今文籔或爲逾

疏門外至東陳○注大夫至爲逾○釋曰云大夫之禮米禾皆視死牢者上文餼一牢腥二牢是三牢死故米三十車并下禾三十車亦是視死牢也云秉籔數名也秉有五籔二十四斛也者下記云十斗曰斛十六斗曰籔十籔曰秉若然一秉十六斛又有五籔爲八斛總二十四斛也云籔讀若不數之數者鄭君時以籔爲數名數名有數有不數故云不數之數此從音讀其字仍竹下爲之得爲十六斗爲籔故下記注云今江淮之閒量名有爲籔者是十六斗量器之名

禾三十車車三秅設于門西西陳秅數名也三秅千二百秉

疏注秅數至百秉○釋曰下記云四秉曰筥十筥曰稯十稯曰秅四百秉爲一秅三四十二爲千二百秉也

薪芻倍禾倍禾者以其用多也薪從米芻從禾四者之車皆陳北輈凡此所以

厚重禮也聘義曰古之用財不能均如此然而用財如此其厚者言盡之於禮也盡之於禮則內君臣不相陵而外不相侵故天子制之而諸侯務焉爾〔疏〕薪芻倍禾○注倍禾至焉爾○釋曰云薪從米芻從禾者以其薪可以炊爨故從米陳之芻可以食馬故從禾陳之鄭言此者以經云倍禾恐並從禾陳之故也云四者之車皆陳北輈者以其向內爲正故也引聘義者欲見主君尊禮聘賓外內皆善故引爲證也

賓皮弁迎大夫于外門外再拜大夫不荅拜

大夫使者卿也〔疏〕賓皮至荅拜○注大夫使者卿也○釋曰云外門外者謂於主人大門外入大門東行即至廟門也云不荅拜者亦以爲君使不敢當故也云大夫使者卿也者即上卿韋弁者也

揖入及廟門賓揖入

賓與使者揖而入使者止執幣賓俟之于門內謙也古者天子適諸侯必舍於大祖廟諸侯行舍于諸公廟大夫行舍于大夫廟〔疏〕揖入至揖入○注賓與至夫廟○釋曰云使者止執幣者下經始云大夫奉束帛入明此賓揖入時使者止執幣可知云賓俟之于門內謙也者聘時主君揖入立于庭尊卑法此賓與使者敵故賓在門內謙也云門內即宁下故下賓問卿云及廟門大夫揖

人鄭注入者省內事也既而俟于宁下是也云古者天子適諸侯必舍于大祖廟者案禮運云天子適諸侯必舍其祖廟下記云卿館於大夫大夫館于士士館于工商鄭注云不館於敵者之廟爲大尊也以此差之諸侯無正文鄭注舍于諸公廟者諸公大國之孤云大夫行舍于大夫廟者謂卿舍于大夫也若無孤之國諸侯舍於卿廟也大夫奉束帛執其所以將命入三揖皆行皆猶並也使者尊不後主人【疏】入三揖皆行○注皆猶至主人○釋曰云使者尊不後主人者主人則賓所在若主人也然君與使者行當後君也至于階讓大夫先升一等讓不言三不成三也凡升者主人讓于客三敵者則客三辭主人乃許升亦道賓之義也使者尊主人三讓則許升矣今使者三讓則是主人四讓也公雖尊亦三讓乃許升不可以不下主人也古文曰三讓【疏】至于至一等○注讓不至三讓○釋曰云讓不言三不成三也凡升者主人讓于客三敵者則客三辭主人乃許升者是三讓三辭成也今賓三讓大夫即升無三辭則不成三也云使者尊主人三讓則許升矣者即此經主人讓大夫先升是也云今使者三讓則是主人四讓也者經雖言讓大夫先升大夫之讓不明故鄭君

兩言之但使尊終先升若主人三讓使人亦三讓主人又一讓則主人四讓使者乃升故鄭復言此也案周禮司儀云諸公之臣相爲國客大夫郊勞三讓登聽命又云致饔餼如勞之禮即得行三讓之禮此中古文云三讓與彼合鄭不從者周禮統心。舉其大率而云三讓此儀禮據屈曲行事觀此經直云讓大夫先升是主人或二讓三讓大夫無三讓故不從古文也云公雖尊亦三讓乃許升不可以不下主人也者此據公爲主人亦有三讓故上行聘時云至於階三讓公升二等賓升亦是公先讓先升故成三讓是以聘義云三讓而後升公尊必三讓者不下賓客主人之義故也

賓從升堂北面聽命北面于階上也大夫東面致命賓降階西再拜稽首拜饔餼亦如之大夫以束帛同致饔餼也賓殊拜之敬也重君之禮也

疏注大夫至禮也○釋曰大夫以束帛同致饔餼五牢及陳豆壺車米之等今賓拜饔三牢及庭實又別拜饔二牢及門外米禾殊拜之者敬主君以重禮故也

大夫辭升成拜尊賓受幣堂中西北面趨主君命也堂中西中央之西大夫降出賓降授

老幣出迎大夫老家臣也賓出迎欲擯之大夫禮辭許入揖讓如初賓升一等大夫從升堂賓先升敵也皆北面疏大夫至升堂○注賓先至北面○釋曰前大夫奉君命歸饔餼故賓先升在館如主人之儀故也知皆北面者以其體敵又下始云賓奉幣西面大夫東面明此北面可知先升一等今賓私覿使者無君命體敵故賓先升在館如主庭實設馬乘乘四馬也賓降堂受老束錦大夫止止不降使之餘尊疏注止不至餘尊○釋曰凡賓主體敵之法主人降賓亦降今賓降使者不降者使之餘尊雖合降而不降賓奉幣西面大夫東面賓致幣不言致命非君命也大夫對北面當楣再拜稽首稽首尊君客也致對有辭也疏注稽首至辭也○釋曰賓主既行敵體之禮當行頓首今大夫稽首於賓爲拜君之拜尊君客故也致者賓致幣當有辭對者大夫對亦當有辭所以無辭者文不具故也受幣于楹閒南面退東面俟賓北面授尊君

之疏受幣至面侯。注賓北至之使。釋曰凡賓儐使者
使疏是體敵之義經云受幣于楹閒南面知賓不南面並
授而云賓北面授者凡敵體授之義授由其右受由其左賓
令尊君之使是以大夫南面賓北面故知賓北面授幣

再拜稽首送幣大夫降執左馬以出出廟門從者亦訝受

之疏注出廟至受之。釋曰言亦者上賓受禮時受幣馬云賓降執左馬以出上介受賓幣從者訝受馬此亦從者訝受馬故云亦也

賓送于外門外再拜明日賓拜于朝拜饔與餼皆再拜稽首拜謝主君之恩惠於大門外周禮曰凡賓客之治令訝聽之此拜亦皮弁服

疏賓送至稽首。注拜謝至弁服。釋曰知拜謝在大門外者以其直言賓拜於朝無入門之文故知在大門外若然諸侯外朝在大門外明矣引周禮者秋官掌訝職云賓客至于國賓入館次于舍門外待事于客及將幣爲前驅至于朝詔其位凡賓客之治令訝訝治之引之者欲見賓客發館至朝來往皆掌訝前驅爲之導知此拜亦皮弁者以其受時皮弁故知此拜亦皮弁也故公食大夫云若不親食使大夫各以其爵朝服以侑幣致

之賓朝服以受明日賓朝服以拜賜于朝彼朝服受還朝服拜則知此皮弁受亦皮弁拜可知上介饔餼三牢飪一牢在西鼎七羞鼎三飪鼎七無鮮魚鮮腊也賓介皆異館

疏上介至鼎三。釋曰自此盡兩馬束錦論主君使下大夫歸饔餼於上介之事。注飪鼎至異館。釋曰云飪鼎七無鮮魚鮮腊也者對上賓九鼎有鮮魚鮮腊也云賓介皆異館者案下記云卿館於大夫大夫館於士士館於工商彼云卿即此賓一也彼云大夫即此上介也彼云士即此衆介也故知賓介各異館必異館者所陳饔餼厚無所容故也

腥一牢在東鼎七堂上之饌六六者賓西夾之數西夾亦如之筥及甕如上賓凡所不貶者尊介也言如上賓者明此賓客介也

疏西夾至上賓。注凡所至介也。釋曰云如上賓者明此賓客介也者案下云賓之公幣私幣皆陳上介公幣陳是上介有。與賓同者前經不言如上賓獨此經言如上賓以其此饔餼大禮西夾筥及甕如上賓以其客此上介如上賓之禮也

餼一牢門外米禾視死牢牢十車薪芻倍禾

凡其實與陳如上賓凡凡飪以下下大夫韋弁用束帛致之上介韋弁以受如賓禮介不皮弁者以其受大禮似賓不敢純如賓也儐之兩馬束錦疏儐之兩馬束錦○釋曰此下大夫使者受上介之儐禮如卿使者受賓儐禮當庭同不言如上大夫者省文也士介四人皆餼大牢米百筥設于門外牢米不入門累之也米設當門亦十爲列北上牢在其南西上疏士介至門外○注牢米至西上○釋曰自此至無儐論使宰夫歸餼於衆介之事上文賓與上介米陳碑南餼陳門內此不入門陳於門外者鄭云累之也云米設當門亦十爲列北上彼亦當門此直云設於門外不云東西明當門北上與賓同云牢在其南西上者以此餼本設於庭在門內由士介賤不得入門且賓與上介門東有米三十車薪六十車門西禾三十車芻六十車皆統門爲上此餼本非門外東西之物制不在門外東西宜當門陳之云牢在其南西上如如此設之者以其賓上介餼在米南門西東上明如此牢亦在米南而西上爲異耳宰夫朝服牽牛

以致之執綿宰之東面致命朝服無束帛亦畧之士介西面拜迎疏宰夫至致之○注執綿至拜迎○釋曰案下記云士館于工商則此致者在工商之館宰夫從外來即爲賓客宜在門西東面此就大牢之中取以致餼云朝服無束帛亦畧之者決上賓與上介皮弁有束帛故以爲畧之也云士介西面拜迎者以其士介爲主人故西面每上賓與上介米禾皆視死牢具有芻薪米禾此士直有生餼無死牢則無芻薪米禾矣士介朝服北面再拜稽首受受於牢東拜自牢後適宰夫右受由前東面授從者疏士介至首受○注受於至從者○釋曰知自牢後適宰夫右受者以其牢東北面拜明在宰夫東南從牢後來適宰夫至宰夫之後受取牛便故也必知在宰夫右受者見前君使士受私覿之馬適其右受知此亦在右受也若然君使士受私覿由前此由牢後與受馬不同者牛畜擾馴與馬有異故得從其後適宰夫右取便也云由前東而授從者於宰夫之後受牛遂由宰夫之前東授從者亦是取便也無擯既受拜送之矣明日衆介亦各如其受之服從賓拜於朝疏無擯○注既受至於朝○釋曰言無擯者決上賓與上介皆有儐士介賤故畧之知明日衆介亦各如其受之服從賓拜

於朝者案下夫人使下大夫韋弁歸禮賓受如受饔之禮儐之乘馬束錦又歸禮於上介上介受之如賓禮儐之兩馬束錦明日賓拜禮於朝鄭注云於是乃言賓拜明介從拜夫人歸禮介尚從拜則君饔餼介皆從拜可知

賓朝服問卿不皮弁別於主君卿每國三人〔疏〕賓朝服問卿○注不皮至三人○釋曰自此盡無儐論賓齎聘君之幣問主國卿之事云不皮弁別於主君者對上文行聘享私覿皆皮弁此朝服降一等故鄭注云別於主君云卿每國三人者每國三卿是其常鄭言此者欲見三卿皆以幣問之其主國下大夫皆使向己國者乃得幣問之與卿異

卿受于祖廟重賓禮也祖王父也〔疏〕卿受于祖廟○注重賓至父也○釋曰卿受鄰國君所問之禮不辭讓者以其初君送客之時賓請有事於大夫君禮辭許是以卿不敢更辭故下記云大夫不敢辭云祖王父也者大夫三廟有別子者立大祖廟非別子者并立曾祖廟王父即祖廟也今不受於大祖廟及曾祖廟而受於祖廟者以其天子受於文王廟諸侯受於祖廟大夫下君故受於王父廟

下大夫擯無士擯者既接於君所急見之〔疏〕下大夫擯○注無士至見之○釋曰行聘享於主國君時主君擯者三人以上并有士擯賓又設介

今直云大夫擯無士擯者以其設擯介多者不敢質示行事有漸但賓行聘享於主君之時卿以與賓相接故急見之不須士擯

擯者出請事大夫朝服迎于外門外再拜賓不答拜揖大夫先入每門每曲揖及廟門大夫揖入入者省內事也既而俟于宁也

疏擯者至揖入○注入者至宁也○釋曰大夫二門入大門東行即至廟門未及廟門而有每門者大夫三廟每廟兩旁皆南北豎牆牆皆闕門假令王父廟在東則有每門每曲之事云入者省內事也者曲禮云請入爲席是也云既而俟于宁者宁門屋宁也知俟于宁者下云賓入三揖皆行鄭注云皆猶並也賓與卿並行以卿俟于宁故得並行與卿三揖不俟于庭者下君也案曲禮云客至於寢門則主人請入爲席然後出迎客主人肅客而入此卿既入不重出迎客者彼曲禮平常賓客故重出迎客此聘問之賓與平常賓客異上君揖賓不重出此卿亦不重出與彼同但在庭與在宁不同矣

擯者請命亦從入而出請不几筵辭君也

疏注亦從至君也○釋曰亦者亦君受聘時擯者從告而入几筵既設擯者出請此擯者亦

從卿而入省內然後出請庭實設四皮麋鹿皮也賓奉束帛入三揖皆行至于階讓皆猶並也古文曰三讓疏注古文曰三讓○釋曰不從古文者亦是不成三故賓先升一等大夫從升堂故不從三讓也賓升一等大夫從升堂北面聽命賓先升使者尊賓東面致命致其君命大夫降階西再拜稽首賓辭升成拜受幣堂中西北面於堂中央之西受幣趨聘君之命賓降出大夫降授老幣無擯不擯賓辟君也疏注不擯賓辟君也○釋曰上文賓行聘享訖而君禮賓有束帛乘馬敵者曰擯今卿不擯賓者辟國君也擯者出請事賓面如覿幣面亦見也其謂之面威儀質也疏擯者至覿幣○注面亦至質也○釋曰自此至授老幣論賓行私面於卿之事賓私面於卿其幣多少與私覿於君同故云如覿幣賓私覿之時用束錦乘馬則此私面於卿亦用束錦乘馬可知也云面亦見也其謂之面威儀

質也者覿面並文其面爲質若散文面亦爲覿故鄭司儀注云私面私覿也又左傳云楚公子棄疾以乘馬八匹私面鄭伯是也

賓奉幣庭實從庭實四馬

疏 賓奉幣庭實從○注庭實四馬○釋曰以其言如覿幣故知庭實四馬也

入門右大夫辭大夫於賓入自階下辭迎之

疏 注大夫至迎之○釋曰知階下辭者以其授老幣時降故也知迎者下文揖讓如初明（元缺一字）迎之可知

賓遂左見私事也

疏 注見私至西階○釋曰云爲若降等者主人是大夫客是士降等雖敵賓猶謙入門右爲若降等然曲禮曰客若降等則就主人之階主人與辭於客然後客復就西階法士就東階今此賓與卿覿者就門右若士於大夫降等引曲禮者主人辭賓賓遂左就門右西西階復正也

庭實設揖讓如初大夫至庭中旋並行

疏 庭實至如初○注大夫至並行○釋曰云大夫至庭中旋並行者賓初入門右大夫階下辭賓賓遂門左大夫至庭中迎賓大夫迴旋與賓揖而並行北出言如初者大夫不出門唯有庭中一揖至碑（元缺一字）又揖再揖而巳

大夫升一等賓從之大夫先升道賓大夫西面賓稱面

稱舉也舉相見之辭以相接

大夫對北面當楣再拜受幣于楹閒南面退西面立

受幣楹閒敵也賓亦振幣進北面授

疏注受幣至面授

○釋曰知賓北面授者以云大夫南面退西面立言退明賓不得南面又見下文賓當楣再拜明北面授因拜可知云受幣楹閒敵也者凡授受之義在於兩楹之閒者皆是體敵故昏禮云授于楹閒南面注云授於楹閒明爲合好其節同也南面並授也謂賓主俱至楹閒南面並而授是以曲禮云鄉與客並然後受注云於堂上則俱南面禮敵者並授此是敵者之常禮也雖是敵者於兩楹之閒或有訝受者皆是相尊敬之法則此云大夫南面賓北面授雖是敵禮是尊大夫故訝受又前致饔餼儐使者於楹閒賓北面授幣鄭云賓北面授尊君之使自餘不在楹閒别相尊敬是以前云公受玉于中堂與東楹之閒鄭注云東楹之閒亦以君行一臣行二又云公禮賓賓受幣當東楹北面注云亦訝受又賓覿公云振幣進授當東楹北面如此之類不在兩楹之閒者皆非敵法。就文解之

賓當楣再拜送幣降出大夫降授老幣擯者出請事上介特

面幣如覿介奉幣特面者異於主君士介不從而入也君尊衆介始覿不自別也上賓則衆介皆從之（疏）擯者至奉幣○注特面至從之○釋曰自此盡再拜送幣論上介私面於鄰國卿之事云特面者異於主君者介初覿主君之時不敢自尊別與衆介同執幣而入今私面於鄰國卿不與衆介同而特行禮焉故云特面者異於主君也云士介不從而入者對覿君時衆介從而入故鄭云君尊於衆介始覿不自別也云上賓則衆介皆從之者上介言特面則賓問卿與私面介皆從可知

皮二人贊亦儷皮也（疏）皮二人贊○注亦儷皮也○釋曰案經云幣如覿則上介私面亦與私覿於君幣同故云亦儷皮也

入門右奠幣再拜降等也（疏）入門至再拜○注降等也○釋曰言降等者主人是卿上介是大夫故入門右不敢自同賓客

大夫辭於辭上介則出

擯者反幣出還于上介也（疏）擯者反幣○注出還于上介也○釋曰不言反皮出還於上介皮出可知但文不具

庭實設介奉幣入

大夫揖讓如初大夫亦先升一等今文曰入設（疏）注大夫至入設○釋曰云亦者亦上

賓行私面大夫升一等賓乃升此上介私面亦然故云亦也介升大夫再拜受亦於楹閒南面而受【疏】注亦於至而受○釋曰亦者賓行私面大夫受幣於楹閒南面故云亦得在楹閒爲敵法上介是下大夫與卿小異大同明得行敵法在楹閒可知介降拜大夫降辭介升再拜送幣介既送幣降出也大夫亦授老幣擯者出請衆介面如覿幣入門右奠幣皆再拜大夫辭介逆出擯者執上幣出禮請受賓辭賓亦爲士介辭【疏】擯者至賓辭○注賓亦爲士介辭○釋曰自此至拜辱論士介私面於鄰國卿之事云賓亦爲士介辭者亦者亦士介私覿於主國君時故云亦也大夫荅再拜擯者執上幣立于門中以相拜士介皆辟老受擯者幣于中庭士三人坐取羣幣以從之擯者出請事賓出大夫送于外門

外再拜賓不顧不顧言去擯者退大夫拜辱拜送也下大夫嘗使至者幣及之嘗使至已國則以幣問之也君子不忘舊【疏】下大至及之○注嘗使至忘舊○釋曰自此盡于卿之禮論主國下大夫嘗使至已國者聘君使上介以幣問之事諸侯之國皆有三卿五大夫其三卿不問至已國不至已國皆以幣及之上已論訖其五大夫者或作介或特行至彼國者乃以幣及之畧於三卿故也言君子不忘舊者此大夫嘗與彼國君相接即是故舊也今以幣及之故云君子不忘舊也

上介朝服三介問下大夫下大夫如卿受幣之禮上介三介下大夫使之禮也【疏】注上介至禮也○釋曰云上介三介下大夫使之禮也者下經云小聘曰問其禮如爲介三介是下大夫小聘之禮據此篇大聘使卿五介小聘使大夫三介若大國之卿七介小聘使大夫五介小國之卿三介小聘使大夫一介也曲禮云儗人必於其倫故問下大夫還使上介是各於其爵易以相尊敬者也

其面如賓面于卿之禮大夫若不見有故也【疏】

大夫若不見。注有故也。釋曰自此盡不拜論主國卿大夫有故不得親受聘君之幣之事言有故者或有病疾或有哀慘不得受其問禮

君使大夫各以其爵爲之受如主人受幣禮不拜各以其爵主人卿也則使卿大夫也則使大夫不拜代受之耳不當主人禮也

疏君使至不拜。注各以至禮也。釋曰云各以其爵主人卿也則使卿大夫也則使大夫大夫者若然經云君使大夫大夫中有卿大夫揔名也云各以其爵亦是易以相尊敬故也云不拜代受之耳不當主人禮也者案周禮宗伯云大賓客則攝而載祼鄭注云宗伯代王爲祼拜送則王亦此類拜是致敬之事不可代人之拜故直受之而已不當主人之禮拜之

夕夫人使下大夫韋弁歸禮夕問卿之夕也使下大夫下君也君使之下云夫人者以致辭當稱寡小君

疏夕夫至歸禮。注夕問至小君。釋曰自此盡賓拜禮於朝論主君夫人歸禮於賓與上介之事云夕問卿之夕也者案下記云聘日致饔明日問大夫夕夫人歸禮是其問卿之夕也云使下大夫下君也者歸饔餼使卿此夫人使下大夫故云下君也云君使之云夫人者以致辭當稱寡小君者案隱二年傳九月紀裂

纁來逆女何以不稱使婚禮不稱主人又云紀有母乎曰有有則何以不稱母母不通也何休注云禮婦人無外事明知此使下大夫歸禮者是君使之可知而稱夫人使者以其致辭於賓客時當稱寡小君故稱夫人使下大夫其實君使之也

堂上籩豆六設于戶東西上二以並東陳

籩豆六者下君禮也臣設于戶東又辟饌位也其設脯其南醢屈六籩六豆

疏 堂上至東陳○注籩豆至六豆○釋曰言籩豆六東陳者其饌自戶東爲首二以並東陳先於北設脯即於脯南設醢又於醢東設脯以次屈而陳之皆如上也云籩豆六者下君禮也者君歸饔餼八豆此六豆故云下君也設於戶東又辟君饌位故也云其設脯其南醢屈六籩六豆者此約君禮設豆法云韭菹其南醢醢屈故知此醢在南屈陳之又知籩豆各六者下文上介四豆四籩降殺以兩明夫人多二六豆六籩可知

壺設于東序北上二以並南陳

醙黍清皆兩壺

醙白酒也凡酒稻爲上黍次之粱次之皆有清白以黍閒清白者互相備明三酒六壺也先言醙白酒尊先設之

疏 壺設至兩壺○注醙白至設之○釋曰其設壺於東序自北向南而陳稻

黍粱皆二壺並之而陳也故言醙黍清皆兩壺也云以黍閒清白者互相備者醙白也上言白明黍粱皆有白下言清明稻黍亦有清故也於清白中言黍明醙即是稻清即是粱也故言互相備也三酒既有清白二色故言六壺必先言醙者以白酒尊重故先設之也

大夫以束帛致之致夫人命也此禮無牢下朝君也

（疏）大夫至致之。注致夫至君也。釋曰案周禮掌客云上公之禮夫人致禮八籩膳大牢致饔大牢侯伯以下亦皆有牢是朝君來時有牢此卿來聘無牢故云下朝君也

賓如受饔之禮儐之乘馬束錦上介四豆四籩四壺受之如賓禮四壺無稻酒也不致牢下於君也

（疏）注四壺無稻酒。釋曰知者案上致於賓六壺稻黍粱皆有清白今上介四壺明從上去之無稻米之酒清白俱去之元缺字故四壺也

儐之兩馬束錦明日賓拜禮於朝於是乃言賓拜明介從拜也今文禮爲醴

（疏）注於是至爲醴。釋曰鄭解若於上文賓下言之則介從拜之事不明故於上介之下乃云明日賓拜禮於朝則介從元缺起此賓拜可知

大夫餼賓

大牢米八筐其陳於門外黍粱各二筐稷四筐二以並南陳無稻牲陳於後東上不饌於堂庭辟君也

疏注其陳至君也○釋曰自此至牽羊以致之論主國大夫餼賓及上介之事云陳於門外知者經無牢米入門之文故明是門外可知與君餼士介同云黍粱各二筐稷四筐二以並南陳無稻者案上使卿歸饔餼之時米百筥設於中庭十以爲列北上稻粱黍各二行稷四行此云八筐黍粱稷亦宜法其行數故知黍粱各二筐稷四筐知二以並南陳者以其君筥米北上故知此亦北上南陳知二以並者以其陳筥米粱黍稻不雜陳則知此筐米亦不雜陳二以並可知云無稻者見記云凡餼大夫黍粱稷筐五斛是也云牲陳於後東上者此與君餼士介畧同餼士介時不言門東西鄭注云當門則知此門外亦當門君餼賓米在庭牲在門西雖不正當米南亦得牲在其南故知此牲陳亦在米南可知知東上者君餼賓時陳於門西東上也云不饌於堂庭辟君也者案上君致饔餼饔豆在堂牲牢米等在庭此在門外故云辟君也若然案掌客鄰國之君來朝卿皆見以羔膳大牢侯伯子男膳特牛彼又無筐米此侯伯之臣得用大牢有筐米者彼爲君禮此是臣禮各自爲差降不得以彼難此

賓迎再拜老牽牛以致

之賓再拜稽首受老退賓再拜送老室老大夫之貴臣〔疏〕注老室至貴臣○釋曰案喪服公士大夫之衆臣爲其君布帶繩屨傳曰室老士貴臣其餘皆衆臣也鄭注云室老家相也士邑宰也即此室老貴臣者家相邑宰之屬故爲貴臣也上介亦如之衆介皆少牢米六筐皆士牽羊以致之米六筐者又無粱也士亦大夫之貴臣〔疏〕注米六至貴臣○釋曰言又無粱也者上文八筐無稻從上去之明知此亦從上去之無粱其稻粱是加故去之云士亦大夫之貴臣者即是大夫邑宰也以其大夫使之故知大夫之貴臣也公於賓壹食再饗饗謂亨大牢以飲賓也公食大夫禮曰設洗如饗則饗與食互相先後也古文壹皆爲一今文饗皆爲鄉〔疏〕注饗謂至爲鄉○釋曰此篇雖據侯伯之卿聘使五等諸侯其臣聘使牢禮皆同無大國次國之別是以掌客五等諸侯相朝其下皆云羣介行人宰史皆有飧饔餼以其爵等爲之牢禮之陳數又云凡諸侯之卿大夫士爲國客則如其介之禮以待之鄭注云尊其君以及其臣也以其爵等爲之牢禮之數陳爵卿也則飧二牢饔餼五牢大夫也

則飧大牢饔餼三牢士也則飧少牢饔餼大牢也此降小禮豐大禮也以命數則參差難等略於臣用爵而已以此言之公侯伯子男大聘使卿主君一食再饗小聘使大夫則主君一食一饗若然案掌客子男一食一饗子男之卿再饗多於君者以其君臣各自相望不得以君決臣也云饗謂亨大牢以飲賓也者以其饗禮與食禮同食禮既亨大元疏缺止此牢明饗禮亨大牢可知但以食禮無酒饗禮有酒故以飲賓言之引公食饗餐與食互相先後者此經先言食後言饗則食在饗前公食言設洗如饗禮則饗在食前饗先後出於主君之意故先後不定也

燕與羞俶獻無常數羞謂禽羞鴈鶩之屬成孰煎和也俶始也始獻四時新物聘義所謂時賜無常數由恩意也古文俶作淑

疏燕與至常數○注羞謂至作淑○釋曰案周禮掌客上公三燕侯伯再燕子男一燕皆有常數此臣無常數者亦是君臣各爲一不得相決知羞謂禽羞鴈鶩之屬者案下記云禽羞俶獻故知是禽知成孰煎和者以其言羞鼎臐之類故知成孰煎和者也知禽是鴈鶩之屬者案下記云宰夫歸乘禽日如饔餼之數鄭注乘禽乘行之禽也亦云鴈鶩之屬以無正文故以意解之

賓介皆明日拜于朝上介壹食壹

饗饗食賓介爲介從饗獻矣復特饗之客之也【疏】注饗食至之也○釋曰不言從食者公食介雖從入不從食賓食畢介逆出是不得從食矣知從饗者下記云大夫來使無罪饗之過則餼之其介爲介注云饗賓有介者賓尊行敵禮也故知介從饗案襄二十七年宋公兼享晉楚之大夫趙孟爲客子木與之言弗能對使叔向侍言焉子木亦不能對也叔向爲趙孟介而得從饗是其義也云復特饗之即此經是也若不親食使大夫各以其爵朝服致之以侑幣如致饔無儐君不親食謂有疾及他故也必致之不廢其禮也致之必使同班敵者易以相親敬也致禮於卿使卿致禮於大夫使大夫非必命數也無儐以己本宜往古文侑皆作宥【疏】若不至無儐○注君不至作宥○釋曰案上文云君使卿歸饔餼於賓館賓儐之今君有故不親食使卿生致其牢禮亦於賓館但無儐爲異云謂有疾及他故也者他故之中兼及有哀慘云非必命數也者依典命公侯伯之卿三命大夫再命子男之卿再命大夫一命經云各以其爵故知不依命數云無儐以己本宜往者饔餼之等不宜召賓故君使人致禮賓則儐使者此饗食之禮主君無故合速賓之來就主君

入廟賓無儐禮今主君有故生致於賓亦無儐故云本宜往此篇據侯伯之卿來聘是使卿致禮鄭兼云使大夫於大夫者小聘使大夫大夫來使大夫致禮也若然經直言使大夫者大夫中兼有上大夫兼卿也

致饗以酬幣亦如之酬幣饗禮酬賓勸酒之幣也所用未聞也禮幣束帛乘馬亦不是過也禮器曰琥璜爵蓋天子酬諸侯

疏致饗至如之○注酬幣至諸侯○釋曰云禮幣束帛乘馬亦不是過也者鄭以饗之酬幣無文故約上主君禮賓之時用束帛乘馬此饗賓酬幣亦不過是故云亦不是過引禮器者案彼經云有以少爲貴者圭璋特琥璜爵鄭注云圭璋特朝聘以爲瑞無幣帛也琥璜爵者天子酬諸侯諸侯相酬以此玉將幣也彼經不云天子諸侯相酬之幣故此注云蓋言酬諸侯者公侯伯用琥於子男用璜引之者證與此酬卿大夫不同之義

大夫於賓壹饗壹食上介若食若饗若不親饗則公作大夫致之以酬幣致食以侑幣作使也大夫有故君必使其同爵者爲之致之列國之賓來榮辱之事君臣同之

疏大夫至侑幣○注作使至同之○釋曰此一經論主

國卿大夫饗食聘賓及上介之事此直言饗食不言燕亦有燕是以鄭詩羔裘云知子之來之雜佩以贈之鄭注云與異國賓客燕時雖無此物猶言之以致其厚意其昔有之固將行之士大夫以君命出使主君之臣必以燕禮樂之助君之歡是也又昭二年左傳云韓宣子來聘宴于季氏傳無識文明鄰國大夫有相燕之法又此大夫相禮饗食有常數雖有燕之亦無常數

亦無酬幣矣

儀禮疏卷第二十二

元缺第九葉今補

大清嘉慶二十年定
用文選樓藏本校

江西督糧道王賡言廣豐縣知縣阿應鱗栞

儀禮注疏卷二十二挍勘記　阮元撰盧宣旬摘錄

西北上

則於東壁下南陳壁陳本通解俱作壁是也下同毛本作壁

次北有鹿臡通解同毛本鹿作麋○按鹿是

醓醢百罋

陪鼎當內廉東面北上要義同毛本面作西○按上文是面字

與此醓醢是穀物爲陽違者毛本陳本醓誤作醯陳本違誤作遠

又以籩豆醓醢等爲陰醓閩本作醓

餼二牢

豕東之張曰注曰豕東之挍疏云豕東縛其足亦北首經云牛以西羊豕豕以西牛羊豕則豕在羊西言東

非也東字誤作東爾從疏○按嚴徐鍾本俱作東

當升左胖也通解要義楊氏同毛本升作外○按升是

米百筥

當行皆一種陳本通解要義同毛本當作每

門外米三十車三十唐石經作卅下同

秉有五籔五徐陳閩葛俱作伍

故米三十車要義同毛本通解米下有禾皆二字○按疏云米三十車幷下禾三十車通解删作一句故其文如此毛本多遵通解而不顧上下文義大率類此

幷下禾三十車禾三陳本作米二閩本禾亦作米○按米字誤

得爲十六斗爲籔也陳本要義同毛本籔作數○按籔是

量名有爲籔者有陳閩俱作亦

薪芻倍禾

古之用財毛本財誤作材

鄭言此者言陳閩俱作信

以其向内爲正故也要義同毛本向内作内向○按此本倒

揖入

此賓與使者敵敵陳本通解俱作幣朱子曰幣疑當作敵

至于階讓

周禮統心舉其大率要義同毛本統心作則通解無監本作刪

大夫東面致命

又別拜餼二牢 陳本通解同毛本别作引

大夫降出

欲儐之 儐徐本集釋俱作擯

受幣于楹間

是體敵之義 要義同毛本無是字

凡敵體授之義 要義同毛本授下有受字

授由其右受由其左 受陳本要義俱作授要義無上四字

賓送于外門外

令訝訝治之 要義同毛本不重訝字○按周禮秋官掌訝訝字重

彼朝服受 要義同毛本彼作故

上介饔餼三牢
厚無所容故也　陳閩同毛本厚作後
西夾亦如之
明此賓客介也　客集釋作容盧文弨云疏兩容字同亦當作容許宗彥云客不誤明以此介爲賓客耳
是上介有與賓同者　毛本通解有下有不字○按不字當有
士介四人
此不入門陳於門外者　陳閩俱無陳於門外四字
宰夫朝服
士介西面拜迎　士徐本通解俱作上許宗彥云當作士

具有芻薪米禾通解同毛本具作且○按當作具

無擯毛本擯作儐唐石經徐陳閩葛集釋通解楊敖俱作擯與述注合李氏曰擯當作儐下經記無擯及注不擯賓同○按篇中言無儐者舊本俱作擯今本俱作儐殆因李說而改

言無擯者陳本同毛本擯作儐

皆有儐儐陳本作擯

賓朝服問卿

曾使向已國者使陳本誤作受向閩本作至陳閩俱無者字

卿受于祖廟

諸侯受於祖廟要義同毛本通解楊氏於下俱有太字按有是也

下大夫擯夫唐石經作大誤

無士擯者　士陳本作上

擯者出請事

墻皆闔門　要義同毛本通解闔作閤○按閤是也

此卿旣入　陳閩俱無此字

賓降出○無擯　毛本擯作儐唐石經徐陳閩葛集釋通解楊敖俱作擯注同

注不擯賓辟君也　陳閩同毛本擯作儐下同

賓遂左

主人興辭於客　徐陳通解同毛本興作固

賓遂左就門右西階復正也　陳本遂作迎閩本作賓遂就門左由西階復正也

庭實設

而並行北出　陳監通解同毛本出作面○按出是也

大夫對

鄉與客並　要義通解同毛本鄉誤作卿

就文解之　陳本要義同毛本就上有故字

擯者出請事

君尊於衆介　各本注俱無於字

下大夫嘗使至者

聘君使上介以幣問之事　毛本幣誤作聘

君使大夫

亦是易以相尊敬故也　陳本無敬字閩本無故字

堂上籩豆六

又於醢東設脯　陳閩俱無又於醢三字

公於賓

爲之牢禮之數陳　要義同毛本數陳作陳數○按此本倒

則飧二牢　二陳閩俱作三

賓介皆明日拜于朝

公食介雖從入　陳閩同毛本入作人

若不親食○無儐　儐敖氏作擯

大夫於賓

其若有之　若陳本作君

儀禮注疏卷二十二挍勘記終

奉新余成教挍

儀禮疏卷第二十三

唐朝散大夫行大學博士弘文館學士臣賈公彥等撰

君使卿皮弁還玉于館玉圭也君子於玉比德焉以之聘重禮也還之者德不可取於人相切厲之義也皮弁者始以此服受之不敢不終也

疏君使至于館○注玉圭至終也○釋曰自此盡賓送不拜論主君使卿詣館還玉及報享之事云玉圭也者舉聘君之圭云君子於玉比德焉以之聘重禮也弁相切厲之義並聘義文案聘義云天子制諸侯比年小聘三年大聘相厲以禮又云已聘而還圭璋此輕財而重禮之義又云夫昔者君子比德於玉焉是其義也云還之者德不可取於人相切厲之義也者既以玉比德德在於身不取於人彼既將玉來似將德與己己不可取彼之德故還之不取德也既不得取而將玉往來者相切磋相磨厲以德而尊天子故用之也云皮弁者始以此服受之不敢不終也者始謂受聘享在廟時今還以皮弁還玉是終之也

賓皮弁襲迎于外門外不拜帥大夫以入迎之不拜示將去不純爲主也帥道

也今文曰迎于門〔疏〕賓皮至以入○注迎之至爲率○釋外古文帥爲率曰云帥大夫以入者大夫卽卿卿亦大夫也云不純爲主也者客在館如主人卿往如賓今不拜迎是不純爲主也決上君使卿歸饔餼時賓拜迎是純爲主人故也

大夫升自西階鉤楹

鉤楹由楹內將南面致命致命不東面以賓在下也必言鉤楹者賓在下嫌楹外也〔疏〕大夫至鉤楹○注鉤楹至外也○釋曰云不東面以賓在下也者決歸饔餼時賓在下大夫東面致命行聘時賓亦東面致命也云必言鉤楹者賓在下嫌楹外也若然不在楹外近之者以初行聘時在堂上楹內故今還在楹內也

賓自碑內聽命升自西階自左南面受圭退負右房而立

聽命於下敬也自左南面右大夫且並受也必並受者若鄉君前耳退爲大夫降逡遁今文或曰由自西階無南面〔疏〕賓自至而立○注聽命至南面○釋曰云聽命於下敬也者此決賓受禮時公用東帛賓西階上聽命歸饔餼時賓阼階上聽命此特於下聽命故云敬也云自左南面右大夫且並受也者以鄉飲酒獻酢之時授者在右受者在左故右大夫也且並受者欲取如向君前然也云若向君前耳者

謂於本國君前受圭璋時北面並受今還南面並受面位受。不同並受一邊不異故云若向君前耳云退爲大夫降逡遁者以大夫降爲之逡遁而退因即負右房南面而立大夫士直有東房西室天子諸侯左右房今不在大夫廟於正客館故有右房也

大夫降中庭賓降自碑内東面授上介于阼階東大夫降出言中庭者爲賓降節也授於阼階東者欲親見賈人藏之也賓還阼階下西面立

（疏）大夫至階東○注大夫至面立○釋曰云大夫降出言中庭者爲賓降節也者以其大夫授賓圭訖降自西階將出門至中庭不比今云大夫降出中庭者大夫中庭賓乃降故鄭云爲賓降節也云授於阼階東者欲親見賈人藏之也者賈人是上啓櫝者是掌玉之人此時無事在堂東待此玉故賓向阼階東得見之云賓還阼階下西面立者以其賓在館如主人在階下西面立是其常處立者以待授璋也

上介出請賓迎大夫還璋如初入出請請事於外以入告也賓雖將去出入猶東唯升堂由西階凡介之位未有改也

（疏）注唯升堂至改也○釋曰案上文云賓自碑内聽命升自西階是其升堂由西階也云凡介之位未有改也者

以其賓唯外自西階明介猶在東方故上文授上介于阼階東也故言未有改**賓裼迎大夫賄用束紡**賄予人財之言也紡紡絲爲之今之縛也所以遺聘君可以爲衣服相厚之至。【疏】賓裼至束紡。注賄予至至也。釋曰此則未知何用之財若是報享之物不應在禮玉之上今言此束紡者以其上圭璋是彼國之物下云禮玉束帛報聘君之享物彼君厚禮於此此亦當厚禮於彼故特加此束紡是以鄭云相厚之至也云賄予人財之言也者案下記云賄在聘于賄又云無行則重賄反幣鄭注周禮云布帛曰賄是賄爲財物是與人財物謂之賄也云紡紡絲爲之者因名此物爲紡云今之縛也者鄭注周禮內司服亦云素紗者今之白縛也則此束紡者素紗也故據漢法況之**禮玉束帛乘皮**禮禮聘君也所以報享也亦言玉璧可知也今文禮皆作醴【疏】禮玉束帛乘皮。注禮禮至作醴。釋曰云禮禮聘君也者此謂報享之物以其彼持享物來禮此主君此主君亦以物禮彼君故云禮禮聘君也云所以報享也者彼以物享此君此君亦以物享彼君曲禮云往而不來非禮也來而不往亦非禮也今以來而往是相享之法故云報享也云亦言玉璧可知也者上文聘賓行享之時束帛加璧束錦加琮今報享物亦有璧琮致之故云亦言玉璧可知此玉則琮也以其經言玉故以玉言之若然經言束帛兼有束錦矣案下記云賄在聘于賄又云無行則重賄反幣則此禮也

皆如還玉禮大夫出賓送

不拜公館賓

爲賓將去親存送之厚殷勤且謝聘君之意也公朝服

疏 公館賓○注爲賓至朝服○釋曰自此盡賓退論明日賓將發主君就館拜謝聘君使臣來禮已國之事云公朝服者以其行聘享在廟之時相尊敬重故著皮弁此拜謝之禮輕故知著朝服

賓辟

不敢受主國君見已於此館也此亦不見言辟者君在廟門敬也凡君有事於諸侯臣之家車造廟門乃下

疏 賓辟○注不敢至乃下○釋曰云此亦不見言辟者君在廟門敬也者此言亦者亦勞賓時故上文賓即館卿大夫勞賓賓不見以其不見故遣上介聽命故知此賓亦不見凡言辟者將見而不見則謂之辟此本不見而言辟者以其君在廟門外雖不見而言辟故鄭云敬也云凡君有事於諸臣之家車造廟門乃下者以其卿館于大夫之廟此館則是諸臣之家案公食記云賓之乘車在大門外又曲禮云客車不入大門以此言之君車入大門矣大夫士有兩門入門東行則是廟門矣既至廟門須與賓行禮故鄭云造廟門

乃下也

上介聽命

聽命於廟門中西面如相拜然也擯者每贊君辭則曰敢不承命告于寡君之老

疏 上介聽命○注聽命至之老○釋曰云聽命於廟門中西面如相拜然也者案前受士介幣之時賓固辭公荅再拜擯者出立于門中以相拜注云立門中閾外西面此中賓不見使介聽命明如相拜然取其視外便也必知在門中西面者以其君來如賓禮東面介西面面公可知云擯者每贊君辭則曰敢不承命告于寡君之老者以其君尊不自出辭以是故君之擯者每事贊君出辭則曰敢不承命者謂上介荅君之辭知告賓云告于寡君之老者案玉藻云擯者曰寡君之老注云擯者之辭主於見他國君今上介當擯者之處故知告于賓稱告于寡君之老

聘享夫人之聘享問大夫送賓公皆再拜

拜此四事公東面拜擯者北面

疏 聘享至再拜○注拜此至北面○釋曰云聘享者謂賓聘君以圭享君以璧夫人聘享者謂賓聘夫人以璋享夫人以琮問大夫者問三卿及嘗聘彼國之下大夫送賓以登路云拜此四事者君禮一夫人禮二大夫禮三送賓禮四四事皆再拜云公東面者公如賓禮門西東面擯者向公向介故知北面爲相而言也

公退賓從

請命于朝賓從者實爲拜主君之館已也言請命者以已不見不敢斥尊者之意

疏公退至于朝。注賓從至之意。釋曰云言請命者以已不見不敢斥尊者之意者案司儀云君館客客辟介受命遂送客從拜辱于朝此經不言拜辱而言請命凡言請者得不由君君聽則拜此下經直云公辭賓退不見拜文是君不受其謝故云請命者以已不敢斥尊者之意故不言辱而言請

公辭賓退辭其拜也退還館裝駕爲且將發也周禮曰賓從拜辱于朝明日客拜禮賜遂行之

疏公辭賓退。注辭其至行之。釋曰云退還館裝駕者以明日將發故裝束駕乘引周禮者證明日客拜禮賜遂行之事鄭彼注云禮賜者謂乘禽即此下文賓拜乘禽是也

賓三拜乘禽於朝訝聽之發去乃拜乘禽明已受賜大小無不識

疏賓三拜至聽之。注發去至不識。釋曰自此盡送至于竟論賓介發行主國贈送之事云明已受賜大小無不識者以其乘禽是禮以細小尚記識而拜之況饔餼食禮之大者記識可知故云大小無不識

遂行舍于郊始發且宿近郊自展軨

疏遂行舍于郊。注始發至展軨。釋曰曲禮云已駕僕展軨鄭注云具視也彼是君車故

使儐展之此卿大夫故鄭云自展軨恐不得所故也

公使卿贈如覿幣贈送也所以好送之也言如覿幣見爲反報也今文公爲君疏公使至覿幣。注贈送至爲君。釋曰所以好送之者來而不往非禮以禮來往皆是和好之事故云好送之也云言如覿幣見爲反報也者以其贈之多少一如覿幣故鄭云見爲反報也

受于舍門外如受勞禮無儐不入無儐明去而宜有已也如受勞禮以贈勞同節疏注不入至同節。釋曰言不入無儐對歸饔餼入設而有儐此則不入無儐明賓去禮宜有已云如受勞禮以贈勞同節者賓來勞之去有贈之皆在近郊禮又不別故言同節也

使下大夫贈上介亦如之使士贈衆介如其覿幣大夫親贈如其面幣無儐贈上介亦如之使人贈衆介如其面幣士送至于竟使者歸及郊請反命郊近郊也告郊人使請反命於君也必請之者以已久在外嫌有罪惡不可以入春秋時鄭伯惡其大夫高克

使之將兵逐而不納【疏】使者至反命○注郊近至得入○此葢請而不得入 釋曰自此盡拜其辱論使者反命之事知郊是近郊者以下文云朝服載旜鄭云行時稅舍於此郊今還至此正其故行服以俟君命敬也者初行云舍於郊斂旜今至此載旜而入故知近郊也云告郊人使請反命於君者以其使者至所聘之國謁關人明此至郊告郊人使請可知引春秋者案閔二年公羊傳云鄭伯惡髙克使之將逐而不納棄師之道也何休云使將師救衛隨後逐之彼無大夫文言大夫者鄭君加之也

朝服載旜行時稅舍于此郊今還至此正其故行服以俟君命敬也古文旜作膳

禳乃入禳祭名也為行道累歷不祥禳之以除災凶【疏】禳乃入○注禳祭至災凶○釋曰案春官小祝云掌侯禳禱祠之祝號鄭注云禳禳卻凶咎故鄭此云禳是祭名也

乃入陳幣于朝西上上賓之公幣私幣皆陳上介公幣陳他介皆否皆否者公幣私幣皆不陳此幣使者及介所得於彼國君卿大夫之贈賄也其或陳或不陳詳尊而畧卑也其陳之及卿大夫處者待之如夕幣其禮於君者不陳上賓使者公幣君之賜也私幣卿大夫之

幣也他介士介也【疏】乃入陳至皆否○注皆否至從者○
言他容衆從者釋曰云此幣使者及介所得於彼國
君卿大夫之贈賜也者於君所得爲公幣於卿大夫所爲私
幣賓之公幣有八郊勞幣一也禮賓幣二也致饔餼三也夫
人歸禮幣四也侑食幣五也再饗幣六也勞幣七也贈賄幣
八也此八者皆主君禮賜使者皆用束錦故曰公幣賓之私
幣略有十九主國三卿五大夫皆一食有侑幣饗有酬幣皆
用束錦則一是十六有三卿郊贈則十九也其上介公幣則有
五致饔餼一也夫人致禮幣二也侑食幣三也饗酬幣四也
郊贈幣五也降於賓者以其上介無郊贈幣又無禮賓幣又
闕一饗幣故賓八上介五也上介私幣有十一主國三卿五
大夫或饗或食不備要有其一則其幣八也又三卿皆有郊
贈如其面幣通前則十一也主國下大夫嘗使已國者聘亦
有幣及之則亦有報幣之事其數不定士介四人直有郊贈
報私幣主國卿大夫報士介私面士介私幣數不甚明云禮
於君者不陳者謂賄用束紡禮用束帛乘皮不陳之者以經
云公幣又云上介公幣他介皆否若禮於君者一統於賓不
得云介之幣故知禮於君者不陳必禮於君不陳禮於已始
陳者以其禮於君者是其正故不陳之禮於已者以其榮故
陳之是以下注云不加於其皮上榮其多是其義也若然賄

君以幣問卿而其卿不見報聘君之幣者以其尊卑不敵若報之嫌其敵體故也束帛各加其庭實皮左不加於其皮上榮其多也疏注不加至多也○釋曰此決初夕幣時束帛皆加于左皮上今不言加於皮上者若加於皮上相掩蔽故不加於皮上榮其多也公南鄉亦宰告于君君乃朝服出門左南鄉疏公南鄉○注亦宰至南鄉○釋曰此陳幣當如初夕幣之時管人布幕于寢門外使者北面衆介立于其左東上卿大夫在幕東西面北上宰告於君君朝服出門左南鄉是以鄭此注亦依夕幣而言之卿進使者使者執圭垂繅北面上介執璋屈繅立于其左此主於反命士介亦隨入並立東上疏卿進至其左○注此主至東上○釋曰案上行聘禮之時上介屈繅授賓賓襲受之今此賓執圭垂繅賓則裼變於賓彼國致命時也上介執璋屈繅者變於賓故也必變之者反命致敬少於鄰國致命時故賓於君前得裼見美爲敬也云士介亦隨入並立東上者此言亦者亦初行受於朝時君使卿進使者入衆介隨入北面東上此中雖不云士介入明亦隨入可知反命曰以

君命聘于某君某君受幣于某宮某君再拜以享某君某君再拜君亦揖使者進之乃進反命也某君某國名也某宮若言桓宮僖宮也某君再拜謂再拜受也必言此者明彼君敬君已不辱命

疏反命至再拜○注君亦至辱命○釋曰云君亦揖使者進之乃進反命也者亦謂亦受命於朝位立定時君揖使者乃進受命明反命亦然○某君某國名者若云鄭國君齊國君云某宮若言桓宮僖宮者左傳有桓宮之楹宮是廟名○其受聘享於廟故以宮言之但受聘享在大祖廟不在親廟四而云桓宮僖宮者畧舉廟名而言也

宰自公左受玉亦於使者之東同面並受也不右使者由便也

疏宰自公左受玉○注亦於至便也○釋曰此言亦者亦於出使初受玉時宰自公左授使者圭同面注云北面並授之凡並授者授由其右受由其左此中受由其右者因東藏之便故鄭云不右使者由便也

受上介璋致命亦如之變反言致者若云非君命也致命曰以君命聘於某君夫人某君再拜以享于某君夫人某君再拜不言受幣于某宮可知畧之

疏受上至如之○注變反至畧之○釋曰云

變反言致者若云非君命也者君與夫人聘於鄰國君與夫人各有所當聘鄰國君受命於君今使者還反命於君聘於鄰國夫人當受命於夫人使者還反命於夫人但婦人無外事雖聘夫人亦君命之今使還反命不云反命於君變反言致命者若本非君命猶夫人之命然故變反言致也若然夫人既無外事而承君命聘鄰國夫人者以其夫婦一體共事社稷故下記云君以社稷故在寡小君拜是賓主相對之辭也云致命曰已下聘夫人反命無文此鄭君依記上文反命於君之辭而言之云不言受幣於某宮可知略之者以其夫人受聘享皆因君聘享同時同宮故略之也

執賄幣以告曰某君使某子賄授宰某子若言高子國子凡使者所當以告君者上介取以授之賄幣在外也〔疏〕執賄至授宰○注某子至外也○釋曰此賄幣者即上文賄用束紡是也云某子若言高子國子者案閔公二年冬經書齊高子來盟僖三十三年經書齊國歸父來聘左傳曰國子爲政齊猶有禮者是也云凡使者所當以告君者上介取以授之者以上受上介璋是上介授賓明其餘皆上介取以授之云賄幣在外者以其上文云禮於君者不陳此賄幣即是禮於君前明在外也

禮玉亦如之亦執束帛加璧

也告曰某君使某子禮宰受之士隨自後左士介受乘皮如初上介出取玉束帛士介從取皮也〔疏〕禮玉亦如之○注亦執至皮也○釋曰此即上云禮玉束帛乘皮鄭注亦云禮禮聘君也所以報享也云亦執束帛加璧也者言亦上文行享時束帛加璧者也云宰受之士隨自後左士介受乘皮者此約初行享之時公側授宰幣士受皮皆自後右客今執享皮幣玉宰受之可知言宰受之士隨自後隨宰自後謂自士介後其在東上者不須云自後其餘三人皆後乃得左之必左士介者取向東藏之便故也云上介出取玉束帛士介從取皮也者此亦初享之時賓奉束帛加璧是上介取以授賓明士介從取皮可知

執禮幣以盡言賜禮禮幣主國君初禮賓之幣也以盡言賜禮謂自此至於贈〔疏〕注禮幣至於贈○釋曰云禮幣主國君初禮賓之幣也者謂從郊勞已後至於贈賄八度禮賓皆有幣是自郊勞爲初也云以盡言賜禮謂自此至於賄者此則郊勞也

公曰然而不善乎善其能使於四方而猶女也

授上介幣再拜稽首公答再拜授上介幣當拜公言也不授宰者當復陳之〔疏〕授上至再拜○注授上至陳之○釋曰云不授

宰者當復陳之者此幣皆先陳之今賓執以告君賓釋辭君曰勤勞使於四方故授上介幣當拜荅君言此幣不授與宰者當復陳之於本處此幣入於己者故不授宰也上賄幣禮君者反命訖皆授宰故以此決之

私幣不告亦畧卑也

君勞之再拜稽首君荅再拜勞之以道路勤苦

若有獻則曰某君之賜也言此物某君之所賜予為惠者也其所獻雖珍異不言某為彼君服御物謙也其大夫出反必獻忠孝也

〔疏〕○若有至賜也○注言此至孝也○釋曰此獻物謂入賓者故下記云既覿賓若私獻奉獻將命注云時有珍異之物或賓奉之猶以君命致之則是賓亦言有私獻於彼君則彼君亦有私獻報賓則此獻者也云大夫出反必獻忠孝也者案下曲禮云大夫私行出疆必請反必有獻彼私行出疆反必有獻此以公聘出疆反亦有獻故云大夫出反必獻此以入己之物獻於君者忠孝也事君言忠事父言孝此獻君忠也而兼言孝者忠臣出孝子之門故連言孝也

君其以賜乎不必其當君也獻不拜者為君之荅己也

〔疏〕君其以賜乎○注不必至己也○釋曰言君其以賜乎者大夫所獻之物謙不必當君所須此物君其以賜臣

下乎言乎者或當君意或不當君意故言乎以疑之云不拜者爲君之荅己也者士拜國君國君不拜士賤故也大夫拜國君國君即荅拜大夫尊故也故云不拜者爲君之荅己若然自反命以來盡於賜禮之等或拜或不拜無荅己之嫌獨此不拜爲君之荅己者自此以前皆是彼國報君之物賓直告事而已君受之而無言故賓不拜君有言及己者乃拜之拜君言也此獻是彼國君賜於己理須拜送是以玉藻云凡獻於君大夫使宰士親皆再拜稽首送之又郊特牲云大夫有獻弗親不面拜爲君之荅己亦此類故鄭云獻不拜者爲君之荅己若然玉藻不親此親者此因反命故親獻也

上介徒以公賜告如上賓之禮徒謂空手不執其幣君勞之再拜稽首君荅拜勞士介亦如之士介四人旅荅壹拜又賤

〔疏〕注士介至賤也○釋曰鄭知旅荅士介共一拜者君勞上介上介再拜稽首君荅拜不言再拜則君荅上介一拜矣勞士亦如之不言皆則摠荅一拜矣勞賓君荅再拜勞上介君荅一拜對賓再拜已是賤矣今此士介四人共荅一拜故云又賤也此一拜荅臣下則周禮大祝辨九拜七曰奇拜是也是以彼注云一拜荅臣下也案曲禮云君

於士不荅拜此君荅拜士者以其新行反命君勞苦之故荅拜異於常也

君使宰賜使者幣使者再拜稽首

以所陳幣賜之也禮臣子人賜之而必獻之君父不敢自私服也君父因以予之則拜受之如更受賜也既拜宰以上幣授之

疏 君使至稽首○注以所至授之○釋曰云禮臣子人賜之而必獻之君父不敢自私服也君父因以予之則拜受之如更受賜也者案內則云婦或賜之衣服則受而獻諸舅姑舅姑受之則喜若反賜之則辭不得命如更受賜臣子於君父亦然言此者證此經君使宰以所獻之物反賜使者使者辭不得命再拜稽首受之如更受賜云既拜宰即以上幣授之者以其上文云執禮幣授上介者是執上幣不執下幣明知宰所執授之者是上幣可知

賜介介皆再拜稽首

士○介之幣皆載以造朝不皆陳之耳與上介同受賜命俱拜既拜宰亦以上幣授上介

乃退

君揖入皆出去

疏 乃退○注君揖入皆出去○釋曰知君揖入皆出去者初賓將行君前受命訖介出去君揖入揖賓介出故知此君退者亦反命訖賓介出可知

介皆送至于使者之門

將行俟于門反又送于門與尊長出入之禮也

疏 介皆

至之門。注將行至禮也。釋曰云將行俟於門是出之禮初行之時介皆至賓門俟賓同行今行反又送至于門是入之禮故云與尊長出入之禮

乃退揖揖別也使者拜其辱隨謝之也再拜上介三拜士介

【疏】注再拜上介三拜士介。釋曰上介是大夫與己同類故知再拜士卑與己異類各一拜故言三拜士介

釋幣于門門大門也主于闑布席于闑西閾外東面設洗于門外東方其餘如初于禰時出于行入于門不兩告告所先見也

【疏】釋幣于門。注門大至見也。釋曰自此盡亦如之論賓上介使還禮門神及奠于禰之事知門是大門者以其從外來先至大門即禮門神故知門是大門也案特牲筮時云席於門中闑西閾外故知此亦席于闑西閾外知東面者神居東面為正故也云設洗于門外東方者以其廟在學設洗皆云洗當東榮故在門外亦在東方也云其餘如初于禰時者初出亦釋幣於行不如之者以其初出於廟禮文具設于行其文畧故此云如禰時也言如者謂釋幣於祝先入已下埋于西階東是也云出于行入于門不兩告告所以先見也者出時自廟出先見行即告行入時先見門故告門出入皆告一故云不兩告也

乃至于禰筵几于室薦

脯醢告反也薦進也【疏】乃至至脯醢○注告反也薦進也○釋曰云筵几于室者還以特牲少牢司宫設席于奧東面右几但無牲牢主人酌進奠一獻進脯醢而已以告祭非常故也觴酒陳主人酌進奠一獻也言陳者將復有次也先薦後酌祭禮也行釋幣反釋奠畧出謹入也【疏】觴酒陳○注主人至入也○釋曰云言陳者將復有次也者但云主人一獻當言奠今不言奠而言陳者以其下仍有室老及士獻以備三獻故言陳陳有次第之言以其三時次第皆列于坐者也云先薦後酌祭禮也者以其特牲少牢皆先薦饌乃後獻奠于鉶南此與彼同故云先薦後酌祭禮也云行釋幣反釋奠畧出謹入也者必畧出謹入者出時以禱祈入時以祠報故不同也席于阼為酢主人也酢主人者祝取爵酌不酢於室異於祭【疏】席于阼○注為酢至於祭○釋曰鄭知祝取爵酌者案特牲少牢尸酢主人祝取爵以酢主人但此無尸為異也不酢於室異於祭者此決特牲少牢皆於室內尸東西面受酢此乃於外行來告反故在阼不在室知與正祭異也又於正祭時有尸尸飲卒爵以尸爵酢主人此吉祭無尸㱃爵兼奠故別取爵以酢主人亦異也薦脯醢成酢禮也【疏】薦脯醢○注成酢禮也○釋曰此奠謂若特牲少牢主人受酢

時皆席于戶內有薦俎此雖無俎亦薦脯醢于主人之前以成酢禮也

三獻室老亞獻士三獻也每獻奠輒取爵酌主人自酢也疏三獻○注室老至酢也○釋曰鄭注喪服云室老家相士邑宰知無主婦而取士者以其自外來主於告反即釋奠於禰廟故知主婦不與而取士備三獻必知有室老與士者以其前大夫致饔餼於賓時使老牽牛以致之鄭注云皆大夫之貴臣故知此亦貴臣爲獻也云每獻奠輒取爵酌者此通三獻皆獻奠訖別取爵自酢故云輒取爵酌也別云主人自酢者對正祭有尸三獻皆獻尸訖尸酢主人主婦賓長今此無尸皆自酢獨云主人者主人爲首正故舉前以包後

一人舉爵三獻禮成更起酒也主人奠之未舉也疏一人舉爵○注三獻至舉也○釋曰云三獻禮成者大夫士家祭三獻特牲少牢禮是也云更起酒者此欲獻酬從者不得酌神之尊是以特牲行酬時設尊兩壺於阼階東西方亦如之鄭注云謂酬賓及兄弟則此亦當然故知別取酒也云主人奠之未舉者以其下文云獻從者乃云行酬似鄉飲酒鄉射一人舉觶未舉待獻介衆賓後乃行酬亦然也

獻從者從者家臣從行者也主人獻之勞之也皆升飲酒於西階上不使人獻之辟國君也疏獻從者○注從

者至君也○釋曰知外升飲於上者案特牲禮獻衆賓及兄弟之等皆升飲於西階上故此獻從者亦於階上可知云不使人獻之避國君者若正祭雖國君亦自獻故祭統云尸飲五君洗玉爵獻卿尸飲七君洗瑶爵獻大夫之等皆然則告祭非常今獻從者從燕法案燕禮使宰夫爲獻主是國君不親獻此大夫親獻故云避國君也

行酬乃出

主人舉奠酬從者下辯室老亦與焉也

疏 注室老亦與○釋曰知者案燕禮使者勞者在者亦與故知此室老亦與不言士者文不具亦與可知

上介至亦如之聘遭喪入竟則遂也

遭喪主國君薨也入竟則遂國君以國爲體士既請事已入竟矣關人未告則反

疏 聘遭喪入竟則遂也○注遭喪至則反○釋曰自此盡卒殯乃歸上陳告行聘之事此以下論或遭主國君喪或聘君薨於後或使者與介身卒安不忘危故見此非常之事從此盡練冠以受論主國君或夫人薨或世子死行變禮之事云以國爲體者謂公羊傳宋人執鄭祭仲使之逐忽而立突仲以逐忽則國存不逐則國滅故逐忽而立突是以國爲體但聘君主以聘國故君雖薨而遂入關人未告則反者聘使至關乃謁關人關人入告君君知乃使士請事已入關自然入矣若關人未

告君君不知使者又亦入聞主國君死理當反矣

不郊勞子未君也

疏不郊勞○注子未君也○釋曰案文公八年天王崩九年毛伯來求金公羊傳曰何以不稱使當喪未君也踰年矣何以謂之未君即位矣而未稱王也未稱王何以知其即位以諸侯踰年即位亦知天子之踰年即位也以天子三年然後稱王亦知諸侯於其封內三年稱子若然云子未君公羊傳文但彼據踰年即位後此據新遭父喪引之者以其同是子未君故也

不筵几致命不於廟就尸柩於殯宮又不神之

疏不筵几○注致命至神之○釋曰不筵几○注几致命不於廟決正聘設几筵也就尸柩於殯宮者國君雖以國為體主聘其國但聘亦為兩君相好今君薨當就尸柩故不就祖廟也云又不神之者以其鬼神所在曰廟則殯宮亦得為廟則設几筵亦可矣但始死不忍異於生不神之故於殯傍無几筵也曾子問云君薨世子生告殯殯東有几筵者鄭云明繼體也然則尋常則殯東不設几筵當在室內矣

不禮賓喪降事也

疏不禮賓○注喪降事也○釋曰云不禮者謂既行聘享訖不以醴酒禮賓也

主人畢歸禮賓所飲食不可廢也禮謂饔餼饗食

疏主人畢歸禮○注賓所至饗食○釋曰知

歸禮中兼有饗食者主人有故雖饗食亦有生致法故主人亦歸之且下文云賓唯饔餼之受明本并饗食亦歸賓乃就中受饔餼若本不歸饗食空歸饔餼何頓云饔餼之受明其時并致饗食也

賓唯饔餼之受受正不受加也〈疏〉賓唯饔餼之受○注受正不受加也○釋曰饔餼大禮是其正自饗食之等是其加也

不賄不禮玉不贈喪殺禮爲之不備〈疏〉不賄不禮玉不贈○注喪殺禮爲之不備○釋曰云不賄者皆據上文謂不以束紡不禮玉者謂不以束帛乘皮以報享不贈者賓出至郊不以物贈之也

遭夫人世子之喪君不受使大夫受于廟其他如遭君喪夫人世子死君爲喪主使大夫受聘禮不以凶接吉也其他謂禮所降〈疏〉遭夫至君喪○注夫人至所降○釋曰云夫人世子死君爲喪主者案禮記服問云君所主夫人妻大子適婦鄭注云言妻見大夫以下亦爲此三人爲喪主也故云君爲喪主既爲喪主是以使大夫受聘禮不以凶接吉也云其他謂禮所降者謂不禮以下不贈以上皆闕之

遭喪將命于大夫主人長衣練

冠以受遺喪謂主國君夫人世子死也此三者皆大夫攝主人長衣素純布衣也去衰易冠不以純凶接純吉也吉時在裏爲中衣中衣長衣繼皆掩尺表之曰深衣純袂寸半耳君喪不言使大夫受予未君無使臣義也

疏遺喪至以受○注遺喪至義也○釋曰此經揔說上三人死主君不得受命故使將命於大夫主人即大夫故鄭云此三者皆大夫攝主人也云長衣素純布衣者此長衣則與深衣同布但袖長素純爲異故云長衣素純布衣也此長衣之緣以素爲之故云素純也去衰易冠者謂脫去斬衰之服而著長衣脫去六升九升之冠而著練冠故云去衰易冠也云不以純凶接純吉者聘禮是純吉禮爲君三升衰裳六升冠爲夫人世子六升衰裳九升冠是純凶禮麻經與屨不易直去衰易冠而已故云不以純凶接純吉云吉時在裏爲中衣中衣長衣繼皆掩尺表之曰深衣純袂寸半耳鄭言此者欲廣解長衣中衣深衣三者之義此三者之衣皆用朝服十五升布六幅分爲十二幅而連衣裳袖與純緣則異故云吉時在裏爲中衣中衣與長衣繼皆掩尺者案玉藻云長中繼掩尺鄭注云其爲長衣中衣則繼袂掩一尺此鄭云吉時之服純袂寸半者純爲衣裳之側袂爲口緣皆寸半表裏共三寸案深衣目錄云深衣連衣裳而純以綵純素曰長衣有表則謂

之中衣以此言之則長衣中衣皆用素純云君喪不使大夫受子未君無使臣義也者其疏見於上若然臣爲君斬爲夫人世子期輕重不同今受鄰國之聘禮同用長衣練冠者但援鄰國者禮不可以純凶故權制此服畧爲一節耳向來所釋皆是君主始薨假令君薨踰年嗣子即位鄰國朝聘以吉禮受之於廟故成十七年經書邾子貜且卒十八年邾宣公來朝傳云即位而來見踰年可以朝他國他國來朝亦得以吉禮受之於廟矣雖踰年而未葬則不得朝人人來朝已亦使人受之於廟於夫人世子亦然以其本爲死者來故也

聘君若薨于後入竟則遂既接於主國君也

疏聘君至則遂○注既接於主國君也○釋曰自此盡唯稍受之論聘者遭已君之喪行非常之禮事云接於主國者謂謁關人關人告君君使士請事是接於主國矣故入境則遂也

赴者未至則哭于巷衰于館未至謂赴告主國君者也哭于巷者哭于巷門未可爲位也衰于館未可以凶服出見人其聘享之事自若吉也今文赴作計

疏赴者至于館○注未至至作計○釋曰未至謂赴告主國君者也以其本國遭喪赴者有兩使一使告聘者一使告主國云未可爲位者以其赴主國之使未至是

以未可爲位受人弔禮云衰于館未可以凶服出見人者對下經赴者至則衰而出云其聘享之事自若吉者下云受饔餼之禮故知先行聘享乃後受禮以其主國未得赴告故自若吉也

受禮受饔餼也 疏 受禮○注受饔餼也○釋曰上文遭主國之喪賓唯饔餼之受受禮亦饔餼之禮

不受饗食亦不受加 疏 不受饗食○注亦不受加○釋曰上文遭主國之喪云唯饔餼之受注云受正不受加也加即此饗食也故此云亦不受加也

赴者至則衰而出禮爲鄰國闕於是可以凶服將事也 疏 赴者至而出○注禮爲至事也○釋曰云禮爲鄰國闕者案襄二十三年春秋左氏傳云杞孝公卒晉悼夫人喪之平公不徹樂非禮也禮爲鄰國闕注云鄰國尚爲之闕樂況身甥之親乎若然赴者至主國闕君使者衰而出則主國可以闕樂云於是可以凶服將事者謂主人所歸禮則賓可以凶服受之其正行聘享則著吉服矣故雜記云執玉不麻是也

唯稍受之稍稟食也 疏 唯稍受之○注稍稟食也○釋曰禮君行師從卿行旅從從者既多不可闕於稍食案周禮每云稍事皆謂米稟以其稍稍給之故謂米稟爲稍

歸執圭復命于殯升

自西階不升堂 復命于殯者臣子之於君父存亡同〔疏〕歸執至升堂○注復命至亡同○釋曰自此盡即位踊論使者喪還執圭還國復命之事云臣子之於君父存亡同者案禮記奔父母之喪升自西階此復命於殯亦升自西階法生時出必告反必面故云臣子於君父存亡同也

子即位不哭 將有告請之事宜清淨也不言世子者君薨也諸臣待之亦皆如朝夕哭位〔疏〕子即位不哭○注將有至哭位○釋曰云不言世子者君薨也者案公羊傳君存稱世子君薨稱子某既葬稱子踰年稱君案上文稱世子此文單稱子是知其君薨故君不稱某而與此既葬同號者以其既不得稱世子畧云子而已故不言某其實正法稱子某是以雜記在殯待鄰國之使皆稱某云諸臣待之亦皆如朝夕哭位者但臣子一列上下文唯言子不言羣臣與子同知如朝夕哭位者案奔喪云奔父之喪在家者待之皆如朝夕哭位故知此亦然

辯復命如聘 自陳幣至于上介以公賜告無勞〔疏〕辯復命如聘○注自陳至無勞○釋曰言辯復命如聘者上文君存時使者復命自陳公幣已下至賜告之等今復命於殯所亦盡陳之故言辯知無勞者勞主君出命今君薨不可代君出命故知無勞也

子

臣皆哭使者既復命子與羣臣皆哭疏子臣皆哭○注使者至皆哭○釋曰此據子在位哭亦兼羣臣故鄭云子與羣臣皆哭與介入北鄉哭北鄉哭新至別於朝夕疏與介入北鄉哭○注北鄉至朝夕○釋曰使者升階復命訖不見出文而言與介入者以其復命之時介在幣南北面去殯遠復命訖除去幣賓更與介前入近殯北鄉哭鄉內爲入故云與介入北鄉哭也云北鄉哭新至別於朝夕者朝夕哭位在阼階下西面今於殯前北鄉故云別於朝夕也出袒括髮悲哀變於外臣也疏出袒括髮○注悲哀變於外臣也○釋曰案奔喪云至於家入門左升自西階東面哭括髮袒於殯東是於內者子故也此使者出門袒括髮變於外者臣故也入門右即位踊從臣位自哭至踊如奔喪禮疏入門右即位踊○注從臣至喪禮○釋曰案奔喪云袒括髮於西階東即位踊襲經於序東此門外袒括髮入門右即位踊亦當襲經於序東故鄭云自哭至踊如奔喪禮也若有私喪則哭于館衰而居不饗食私喪謂其父母也哭于館衰而居不敢以私喪自聞于主國凶服于君之吉使春秋傳曰大夫以君

命出聞喪徐行而不反

疏若有至饗食○注私喪至不反○釋曰自此盡從之論使者有父母之喪行變禮之事云不敢以私喪自聞于主國者解哭于館又云凶服干君之吉使者亦取不敢解之言衰而居謂服衰居館行聘享即皮弁吉服故不敢凶服干君之吉使也引春秋傳者案宣八年經書夏六月公子遂如齊至黄乃復公羊傳云其言至黄乃復何有疾也何言乎有疾乃復譏何譏爾大夫以君命出聞喪徐行而不反何氏注聞大喪而不反重君命也徐行者爲君當使人追代之以喪喻疾者喪猶不還而況疾乎是也以此言之使雖未出國境聞父母之喪遂行不敢以私廢王事君使人代之可也以此言之明至彼所使之國雖聞父母之喪不反可知是以哭于館衰而居

歸使衆介先衰而從之已有齊斬之服不忍顯然趨於往來其在道路使介居前歸又請反命己猶徐行隨之君納之乃朝服既反命出公門釋服哭而歸其佗如奔喪之禮吉時道路深衣

疏歸使至從之○注己有至深衣○釋曰云己有齊斬之服者以其私喪之内有爲父斬爲母齊衰故齊斬並言之也云不忍顯然趨於往來者解經並使衆介先衰而從之意經云歸據反國時兼云往者鄭意去時聞父母之喪不敢即反亦使衆介先衰而從之故

往來並言云在道路使介居前者謂去向彼國時云歸又請反命已猶徐行隨之者此謂還國至近郊使人請反命君許入猶使介居前徐行於後隨介至國也云君納之乃朝服者以其行聘之時猶不以凶服干君之吉使而服吉服知此反命時亦不以凶服干君之吉使而服朝服如吉時反命矣云出公門釋服哭而歸者案雜記云大夫士將與祭於公既視濯而父母死則猶是與祭也次於異宮既祭釋服出公門外哭而歸亦云其它如奔喪之禮明此亦出公門釋朝服而歸但彼祭服不可著出故門內釋服此朝服可以著出門乃釋服爲異也云其他如奔喪之禮者案奔喪云至於家入門左升自西階殯東西面坐哭盡哀括髮袒降堂東即位西鄉哭成踊襲絰于序東絞帶反位拜賓成踊送賓反位有賓後至者則拜之成踊送賓皆如初衆主人兄弟皆出門出門哭止闔門相者告就次於又哭括髮袒成踊於三哭猶括髮袒成踊三日成服拜賓送賓皆如初云吉時道路深衣者以其朝服之下唯有深衣庶人之常服既以朝服反命出門去朝服還服吉時深衣三日成服乃去之

儀禮疏卷第二十三

江西督糧道王賡言廣豐縣知縣阿應鱗栞

儀禮注疏卷二十三挍勘記　阮元撰盧宣旬摘録

君使卿皮弁

似將德與已　毛本與作於

賓皮弁襲

云不純爲主也者　云下要義有將去二字

大夫升自西階

故今還在楹內也　內陳本作外按當作內

賓自碑內聽命

面位受不同　毛本通解無受字

大夫降中庭

賈人是上啟櫝者　毛本是作至

賓裼

今之縳也　縳釋文作縞云劉音須一本作縳息絹反案說文白鮮色也居掾反聲類以爲今正絹字戴震曰周禮內司服注素沙者今之白縳也釋文劉音絹聲類以爲今作絹字此獨作縞縛乃縞之俗體縞因有須音然與周禮音義剌謬以聲類證之音絹是也須乃絹之訛以周禮證之作縳是也釋文訛而爲縞○按注宜作縳不宜作縞此說是也劉于此注亦作縳而音絹耳釋文誤讀劉音遂誤改注字監本作縛亦誤

相厚之至　徐陳通解敖氏同集釋楊氏毛本至下俱有也字○按疏有也字

今之白縳也　陳閩通解楊氏同毛本縳作縛魏氏曰溫本作縞○按要義鈔本亦誤作縛

禮玉束帛乘皮皆如還玉禮　下五字徐本通解俱在下節之首與此本標目合集釋楊氏毛本皆同在一節

來禮此主君此主君亦以物禮彼君要義同毛本此主君三字不重出○

賓辟

不敢受主國君見已於此館也徐本集釋通解楊氏同毛本無主字

凡君有事於諸侯臣之家徐本通解同毛本無侯字張曰疏無侯字當從疏

上介聽命

介西面面公可知上面字陳閩通解俱作面毛本作命下面字毛本作向

聘享

及嘗聘彼國之下大夫毛本嘗作常浦鏜云嘗誤常

賓三拜乘禽於朝

明己受賜張曰監本己作已從諸本○按刻本己已二字不甚有別大抵皆作已張所說恐亦未能審諦

是禮以細小　以要義作之

遂行舍于郊

具視也　要義同毛本具作其○按曲禮注云展軨具視也也作具是

受于舍門外

明去而宜有已也　張曰注曰明去而宜有已也按疏云賓去禮宜有已已當爲已從疏○按嚴徐鍾本亦俱作已古者辰巳之巳與已然之已同字可無辨也

使者歸

使之將兵　釋文無兵字云一本作使之將兵將則後加字○按當云兵則後加字據公羊本文無兵字陸說是

逐而不納　逐要義作遂云一本遂作逐監本作遂張曰鄭而下高克不召使歸而已非逐也遂者謂遂其

將兵之事而終不召也於義爲得○按何休云隨後逐之則當作逐明矣張說殊迂

使之將　毛本將下有兵字○按無兵字與釋文合

禳乃入

掌侯禳禱祠之祝號　陳本同毛本祠作祝閩本作祀○按作祠與周禮小祝合

乃入陳幣于朝

於卿大夫所爲私幣　要義同毛本所下有得字

夕幣七也　朱子曰主國禮賜無有夕幣疏於上介公幣云無郊贈及無禮賓幣又闕一饔幣故賓入上介五則此夕字當是饔字之誤而其次亦當在再饔之前

又云上介公幣　幣下要義有陳字

卿進使者

變於賓彼國致命時也　毛本通解無賓字

反命曰

某國名也　名集釋敖氏俱作君字按君字是

謂再拜受也　謂再拜三字陳閩監葛通解俱脱

明彼君敬君已不辱命　君已二字閩監葛本集釋俱倒

某君　要義同毛本某上有云字

但受聘享在太祖廟　陳本通解要義同毛本在作於

不在禰廟　毛本在作出陳閩通解要義俱作在廟下四字要義有通解毛本無

受上介璋

若本非君命猶夫人之命然　要義無猶夫人之命五字

夫人既無外事　夫要義作婦

執賄幣以告曰

是上介授賓　陳閩同毛本授作受

禮玉

士介從取皮也　徐本集釋同毛本通解從作後○按通解於疏仍作從則注中後字偶誤耳

士隨自後隨宰在後　毛本後下有者字而無隨宰在後四字

士介從取皮也者　毛本從作後下同通解作從

君其以賜乎

云不拜者　要義同毛本云下有獻字○按獻字當有

君勞之

鄭知旅荅士介共一拜者要義同毛本知作此○按知是也

君使宰賜使者幣

不敢自私服也敖氏曰服字恐誤○按服字敖改作之

賜介

士介之幣士陳本作上

釋幣于門

以其廟在學設洗要義同毛本通解無在字

不如之者要義同毛本不作云○按不字是

于行共交略要義同毛本行作見○按行字是也

告所以先見也者毛本要義無以字按各本注俱無以字

席于阼

知與正祭異也　正陳本誤作鄭按鄭或是奠字之誤

此吉祭　毛本吉作告○按吉是也

無尸　補案尸下誤空一字

三獻

皆大夫之貴臣　臣下陳閩俱有爲獻二字按前注無爲獻字此涉下文而誤衍也

故知此亦貴臣爲獻也　陳閩俱無故字

獻從者

則告祭非常　告閩本作吉

聘遭喪

乃謁關人關人告君要義同陳閩謁誤作請毛本關人二字不重出

不郊勞

亦知天子之踰年卽位也陳本要義同毛本知作如

不筵几

但聘亦爲兩君相好要義同毛本亦作則

主人畢歸禮

賓所飲食所集釋作於

雖饗食亦有生致法要義同毛本饗作饔○按饔字是

賓唯饔餼之受要義同毛本唯作雖○按唯字與下文合

何頓云饔餼之受頓要義作須

遭喪

不以純凶接純吉也 徐陳閩葛集釋通解楊敖同毛本以作必○按以字與疏合

君喪不言使大夫受 按疏無言字

爲夫人世子六升衰裳 自此句子字起至下略爲一節耳句止共二百九十三字此本誤錯喪服傳疏

而純以綵純素曰長衣 陳本以作衣綵純二字倒

聘君若薨于後

云接於主國者 要義同毛本國下有君字○按疏標起訖則注文當有君字

謂謁關人關人告君 要義同毛本關人二字不重出

是接於主國矣 要義同毛本通解國作君

子即位不哭

以其既不得稱世子 監本要義同毛本既作記○按既字是也

但臣子一列 要義同毛本列作例

若有私喪

凶服干君之吉使 于徐陳監本集釋敖氏俱作干嚴鍾閩本通解楊氏毛本俱作于

歸

解經並使衆介先哀而從之意 要義同毛本並作歸

猶不以凶服干君之吉使 于陳本要義俱作干下同閩監毛本俱作于下同

明此亦出公門 此陳閩俱作之

儀禮注疏卷二十三校勘記終

奉新余成教校

儀禮疏卷第二十四

唐朝散大夫行大學博士弘文館學士臣賈公彦等撰

賓入竟而死遂也主人爲之具而殯具謂始死至殯所當用

疏賓入至而殯○注具謂至當用○釋曰自此盡卒殯乃歸論賓介死之事云賓入境而死遂也者若未入境即反來云主人爲之具而殯者謂從始死至殯所當用者主人皆供之鄭云具謂始死至殯所當用直云至殯所當用明不殯於館取其至殯飾主人供喪具以其大斂訖即殯故連言殯故下文歸介復命之時柩止門外明斂於棺而已

介攝其命爲致聘享之禮也初時上介接聞命

疏介攝其命○注爲致至聞命○釋曰云初時上介接聞命者鄭解介得代賓致命之意以其命出於君初賓受命於君之時賓介同北面上介接聞君命矣以是今賓死得攝其命

君弔介爲主人雖有臣子親因猶不爲主人以介與賓並命於君尊也

疏君弔介爲主人○注雖有至尊也○釋曰古者賓聘家臣適子皆從行是以延陵季子聘於齊其子死葬於嬴

博之閒故鄭云雖有臣子親因猶不爲主人以其介尊故也

主人歸禮幣必以用當中貨贈諸喪具之用不必如賓禮疏主人至以用○注當中至賓禮○釋曰賓既死主人所歸禮與幣必以當喪者之用云當中貨贈者解經中小斂大斂之用云當中貨贈諸喪具之用者具謂襲與小斂大斂解經幣云不必如賓禮者不必如致飧饔之禮束紡皮帛之類不堪喪者之用故也

介受賓禮無辭也介受主國賓已之禮無所辭也以其當陳之以反命也有賓喪嫌其辭之疏介受賓禮無辭也○注介受至辭之○釋曰云介受主國賓已之禮者謂公幣私幣之屬故鄭云當陳之以反命也言無辭者雖無三辭以其賓受饔餼之時禮辭受食三辭明介亦有禮辭云無所辭也者以有賓喪嫌介有三辭故云介受賓禮無辭也

不饗食疏不饗食○釋曰案上遭君喪受饔餼不受饗食鄭云受正不受加此云不饗食介不就君受饗食明受饔餼正禮也

歸介復命柩止于門外門外大門外也必以柩造朝達其忠心疏歸介至門外○注門外至忠心○釋曰知門外是大門外者國君有三門皋應路又有三朝內朝在路寢庭正朝在路門外應門外

無朝外朝朝當在皐門外經直云止於門外無入門之言明知止於大門外外朝之上是以上賓拜賜皆云於門外亦在外朝矣故鄭云必以柩造朝達其忠心也

介卒復命出奉柩送之君弔卒殯卒殯成節乃去疏介卒至卒殯○注卒殯成節乃去○釋曰當介復命之時賓之尸柩在外朝上介卒復命謂復命訖出君大門奉賓之柩送至賓之家屍柩入殯於兩楹之閒君往就弔卒殯者謂殯訖殯是喪之大節故云卒殯成節乃去謂君與大夫盡去

若大夫介卒亦如之不言上介者小聘上介士也疏若大至如之○注不言至士也○釋曰云不言上介者小聘上介士也者案經大夫介卒據大聘上介是大夫而言今鄭以經不言上介則大夫介卒中兼有聘使大夫其卒亦如之故鄭云不言上介小聘上介士也欲兼見小聘之法也若小聘上介末介皆士則入下文士介死中以其下文更不見小聘賓介死法故此兼言之也

士介死。爲之棺斂之不具佗衣物也自以時服也疏注不具至服也○釋曰以其士介卑其禮降於賓與上介非直具棺他衣物亦具之此士介直具棺不具他物也其士介從者自用時服斂之

君

不弔焉主國君使人弔不親往疏君不弔焉○注主國至親往○釋曰云主國君使人弔不親往者對上經賓死君弔介爲主人此士云不弔者明不親弔使人弔之可知也若賓死未將命則既斂于棺造于朝介將命未將命謂俟閒之後也以柩造朝以已至朝志在達君命疏若賓至將命○注未將至君命○釋曰前云賓入境而死死謂在路死未至國此經更說賓至朝俟閒之後使大夫致館未行聘享而賓在館死之事故鄭云俟閒之後是以鄭云以柩造朝以其既至朝志在達君命則知上國外死不以柩造朝可知若介死歸復命唯上介造于朝若介死雖士介賓既復命往卒殯乃歸往謂送柩小聘曰問不享有獻不及夫人主人不筵几不禮面不升不郊勞記貶於聘所以爲小也獻私獻也面猶覿也○疏小聘至郊勞○注記貶至覿也○釋曰自此盡三介論侯伯行小聘之事云不享者謂不以束帛加璧獻國所有云不禮者聘

訖不以齊酒禮賓面不升者謂私覿庭中受之不升堂此對大聘升堂受若然不言私覿而言面者對大聘言覿故辟之而言面也

其禮如爲介三介如爲介如爲大聘上介

疏 其禮至三介。注如爲至上介。釋曰云其禮如爲介者謂特問使大夫得主國之禮多少如大聘卿此大夫爲上介之時即上文介之禮飱饔餼及食燕之等三介者大夫降於卿二等故也舉此侯伯之小聘則公之臣子男之臣小聘禮數其義可知也

記久無事則聘焉事謂盟會之屬

疏 記久至聘焉。注事謂盟會之屬。釋曰此云久無事則聘焉者則周禮殷聘也是以周禮大行人云凡諸侯之邦交歲相問也殷相聘也世相朝也注云小聘曰問殷中也久無事又於殷朝者及而相聘也云事謂盟會之屬者案春秋有事而會不協而盟是以春秋有會而不盟盟必因會若有盟會相見故云久無事則聘焉

若有故則卒聘束帛加書將命百名以上書於策不及百名書於方故謂災患及時事相告請也將猶致也名書文也今謂之字策簡也方板也。

疏 若有至於方。注故謂至板也。釋曰云故謂災患

及時。相告請者此即上經云若有言一也言災患上注引春秋臧孫辰告糴于齊公子遂如楚乞師此云及時事者即上注引春秋晉侯使韓穿來言汶陽之田是也云名書文今謂之字者鄭注論語亦云古者曰名今世曰字許氏說文亦然言此者欲見經云名名者即今之文字也云策簡方板也者鄭謂據一片而言策是編連之稱是以左傳云南史氏執簡以往是簡者未編之稱此經云百名以上書之於策是其衆簡相連之名鄭作論語序云易詩書禮樂春秋策皆尺二寸孝經謙半之論語八寸策者三分居一又謙焉是其策之長短鄭注尚書三十字一簡之文服虔注左氏云古文篆書一簡八分字是一簡容字多少者云方板者以其百名以下書之於方若今之祝板不假連編之策一板書盡故言方板也

主人使人與客讀諸門外受其意既聘享賓出而讀之讀之不於內者人稠處嚴不得審悉主人主國君也人內史也書必璽之

疏主人至門外。注受其至璽之。釋曰云既聘享賓出而讀之者上經云若有言則以束帛如享禮文承聘享之後故知此讀諸門外故云既聘享也鄭知人是內史者案內史職云凡四方之事書內史讀之此云使人與客讀諸門外者亦是四方事書故知人是內史也知書必璽之者案襄二

十九年左傳云公如楚還及方城季武子取卞使公冶問璽書追而與之故知此書亦璽之也**客將歸使大夫以其束帛反命于館**為書報也【疏】客將至于館。注為書報也。釋曰此為書報上有故之事彼以束帛加書將命此亦以束帛加書反命于館**明日君館之**既報館之書問尚疾也【疏】明日君館之。注既報至疾也。釋曰為昨日為書報之今日君始就館送客者書問之道尚疾故也必須尚疾者以其所報告請多是密事是以鄭云既報館之書問尚疾也**既受行出遂見宰問幾月之資**資行用也古者君臣謀密草創未知所之遠近問行用當知多少而已古文資作齎【疏】既受至之資。注資行至作齎。釋曰使者受命於君但知出聘不知遠近故云古者君臣謀密草創未知所之遠近故問宰行糧多少即知遠近也故知須問之**使者既受行日朝同位**謂前夕幣之間同位者使者北面介立于左少退別其處臣也【疏】使者至同位。注謂前至臣也。釋曰云既受行日者謂已受命日夕幣之前使者及介朝君之時皆同位北面東上在朝處臣東方西面北上故

鄭云同位者。北面介立于左少退以別處臣也

出祖釋軷祭酒脯乃飲酒于其側祖始也既受聘享之禮行出國門止陳車騎釋酒脯之奠於軷為行始也詩傳曰軷道祭也謂祭道路之神春秋傳曰軷涉山川然則軷山行之名也道路以險阻為難是以委土為山或伏牲其上使者為軷祭酒脯祈告也卿大夫處者於是餞之飲酒於其側禮畢乘車轢之而遂行舍於近郊矣其牲犬羊可也古文軷作祓

疏出祖至其側。注祖始至作祓。釋曰云既受聘享之禮行出國門止陳車騎釋酒脯之奠於軷者凡道路之神有二在國內釋幣於行者謂平適道路之神出國門釋奠於軷者謂山行道路之神是以委土為山象國中不得軷名國外即得軷稱引詩傳曰者證軷祭道路之神也引春秋傳曰者案襄二十八年左氏傳子大叔云軷涉山川蒙犯霜露引之者證軷是山行之名涉者水行之稱故鄘詩云大夫軷涉我心則憂毛傳云草行曰軷水行曰涉云是以委土為山者案月令冬祀行鄭注行廟門外之西為軷壤厚二寸廣五尺輪四尺祀行之禮北面設主於軷上國外祀山行之神為軷壤大小與之同鄭注夏官大馭云封土為山象以菩芻棘柏為神主既祭之以車轢之而去喻無險難也云或伏牲其上者案周禮犬人云掌犬牲凡祭祀供犬牲用牷物伏瘞亦如之鄭注云伏謂伏犬以王車轢之故知有伏牲其上云使者爲軷祭酒脯祈告也者案周禮大馭掌馭玉路以祀及犯軷王自左馭馭下祝登受轡彼天子禮使馭祭此大夫禮故使者自祭犯軷而去云卿大夫處者於是餞之者案詩云飲餞于禰是處者送行人而飲酒名曰餞也云遂行舍于郊者即上經云舍于近郊是也云其有牲犬羊可者犬人職云伏瘞亦如之是用犬也詩云取羝以軷是用羊也是犬羊各用其一未必並用之言可者人君有牲大夫無牲直用酒脯若然此見出行時祭軷案韓奕詩云韓侯出祖出宿于屠顯父餞之清酒百壺是韓侯入覲天子出京城爲祖道又左氏傳鄭忽逆婦嬀于陳先配而後祖陳鍼子曰是不爲夫婦誣其祖矣鄭志以祖爲祭道神是亦將還而後祖道此聘使還亦宜有祖但文不具

所以朝天子圭與繅皆九寸剡上寸半厚半寸博三寸繅三采六等朱白倉。圭所執以爲瑞節也剡上象天圜地方也雜采曰繅以韋衣木板飾以三色再就所以薦玉重慎也九寸上公之圭也古文繅或作藻今文作璪

【疏】所以至白倉○注圭所至作璪○釋曰云圭所執以

爲瑞節者案周禮大宗伯云以玉作六瑞以等邦國又云王執鎮圭公執桓圭侯執信圭伯執躬圭子執穀璧男執蒲璧是以其圭爲瑞又案周禮掌節有玉節之節即是節與瑞別矣今此云瑞節但連言節者案節不得言瑞瑞亦是節信故連言節也云剡上象天圜地方也者下不剡象地方上剡象天圜案雜記贊大行曰博三寸厚半寸剡上左右各寸半此經直剡上寸半不言左右文不具也凡圭天子鎮圭公桓圭侯信圭皆博三寸厚半寸剡上左右各寸半唯長短依命數不同云雜采曰繅者凡言繅者皆象水草之文天子五采公侯伯三采子男二采皆是雜采也云以韋衣木板飾以三色再就者依漢禮器制度而知也但木板大小一如玉制然後以韋衣之大小一如其板經云三采六等注云三色再就者就即等也是一采爲再就三采即六等也是以鄭注典瑞云一帀爲一就典瑞云侯伯三采三就者以一采雜有再帀倂爲一就覲禮注云朱白倉爲六色者亦是一采一帀爲二色三采故六色三采據公侯伯子男則二采故典瑞云子男皆二采再就是也所以薦玉重愼者玉者寶而脆今以繅藉薦之是其重愼也

問諸侯朱綠繅八寸二采再就降於天子也於天子曰朝於諸侯曰問記之於聘文互相備

〈疏〉問諸至八寸○注二

采至相備○釋曰此諸侯使臣聘繅藉之等云二采再就者上云三采六等此二采不云四就者此臣禮與君禮異此二采雖與子男同子男即一采爲一帀二采爲一再而爲四等今臣一采爲一就二采共爲再就是二采當君一采之處是以典瑞云瑑圭璋璧琮繅皆二采一就以覜聘亦是臣二采共當君一采一帀之處云降於天子者案典瑞王執鎮圭繅藉五采五就言五就者據一采爲一等若據一采二帀而言即五采十等此二采二等是降於天子也此亦降於諸侯而言降於天子者此鄭君指上文朝天子而言故言聘諸侯降於朝天子也云於天子曰朝者據上文所以朝天子是也則諸侯自相朝亦同圭與繅九寸侯伯以下亦依命數云於諸侯曰問者諸侯遣臣自問若遣臣問天子圭與繅亦八寸是以云記之於聘文互相備案玉人云瑑圭璋八寸璧琮八寸以覜聘無所依據則於天子諸侯同言八寸者據上公之臣侯伯之臣則六寸子男之臣則四寸各降其君二等若然經言八寸者據上公之臣也

皆玄纁繫長尺絢組

采成文曰絢繫無事則以繫玉因以爲飾皆用五采組上以玄。下以絳爲地今文絢作約

〈疏〉皆玄至絢組○注采成至作約○釋曰上文繅藉尊卑不同此之組繫尊卑一等云采成文曰絢鄭注論語文成章曰絢

與此語異義同云繫無事則以繫玉因以爲飾者無事謂在櫝之時亦以繫玉因以爲飾此組繫玉亦名繅藉即上文反命之時使者執圭垂繅上介執璋屈繅又曲禮下云執玉其有藉者則裼無藉者則襲鄭注亦云藉繅也裼襲皆據有繅無繅之時是其因以爲飾云皆用五采組者以其言絢絢是文章之名經文言皆復無尊卑之別故知皆用五采組也云上以玄下以絳爲地者以其皆用五采而經直云玄纁爲地上加五采上下皆據垂之爲上下必知上玄下絳者上玄以法天下絳以法地故也經云纁注云絳者爾雅三入赤汁爲纁絳則赤也故本絳以解纁

問大夫之幣俟于郊爲肆又齎皮馬

肆猶陳列也齎猶付也使者既受命宰夫載問大夫之禮待於郊陳之爲行列至則以付之也使者初行舍于近郊幣云肆馬云齎因其宜亦互文也○不於朝付之者辟君禮也必陳列之者不夕也古文肆爲肂

【疏】問大夫至皮馬○注肆猶至爲肆○釋曰知載大夫幣是宰夫者以其初宰衆官具幣故知載幣於郊付使者亦是宰夫可知云幣云肆馬云齎因其宜亦互文也者以其幣是財賄易可陳列故言肆不言齎不言齎亦付使者矣馬是難陳之物故直言齎亦付使者亦陳之是因其宜互文也

辭無常孫

而說孫順也大夫使受命不受辭辭必順且說疏注受命不受辭○釋曰受命謂受君命聘於鄰國不受賓主對荅之辭必不受辭者以其口及則言辭無定準以辭無常故不受之也辭多則史少則不達史謂策祝疏注史謂策祝○釋曰案周禮大史內史皆掌策書尚書金縢云史乃策祝是策書祝辭故辭多爲文史辭苟足以達義之至也至極也今文至爲砥辭曰非禮也敢對曰非禮也敢辭○辭不受也對荅問也二者皆卒曰敢言不敢疏辭曰至敢辭○注辭不至不敢○釋曰辭謂賓辭主人荅謂賓荅主人介則在旁曰非禮也敢故易旅卦初六云。瑣瑣斯其所取災鄭云瑣瑣猶小小爻互體艮艮小石小小之象三爲聘客初與二其介也介當以篤實之人爲之而用小人瑣瑣然客主人爲言不能辭曰非禮不能對曰非禮毋者不能以禮行之則其所以得罪是其義也

鄉館於大夫大夫館於士士館於工商館者必於廟不館於敵者之廟爲大尊也自官師以上有廟有寢工商則寢而已疏鄉館至工商○注館者至而已○釋曰云

館者必於廟案上歸饔餼云於廟明其禮皆在廟可知云不館於敵者之廟爲大尊也者以其在廟尊則尊矣故就降等而已若又在敵者之廟以上是其大尊云自官師以上有廟有寢者案祭法云適士二廟官師一廟鄭云官師謂中士下士是其官師有廟知廟有寢案周禮隷僕云掌五寢之埽除鄭注云五寢五廟之寢天子七廟唯祧無寢詩云寢廟奕奕相連之貌故左傳云大叔之廟在道南其寢在道北是其前曰廟後曰寢工商則寢而已者案爾雅釋宮云室有東西廂曰廟注云夾室前堂又云無東西廂有室曰寢注云但有大室是其自士以上有廟者必有寢庶人在官者工商之等有寢者則無廟故祭法云庶士庶人無廟祭於寢是也

管人爲客三日具沐五日具浴管人掌客館者也客謂使者下及士介也飧不致不以束帛致命草次饌飧具輕

疏 飧不致○注不以至具輕○釋曰君。不以束帛致命者對饔餼以束帛致之此不以束帛致草次饌具輕者以其客始至則致之故言草次也對聘日致饔餼生死俱有禮物又多爲重故以此物爲輕而不致

賓不拜以不致命

疏 賓不拜○注以不致命○釋曰云不拜者宰夫朝服設食賓無拜受之文以其不以束帛致故也

沐

浴而食之自潔清尊主國君賜也記此重者沐浴可知疏沐浴而食之○注自潔至可知○釋曰云記此重者沐浴可知者以其食禮輕尚沐浴而食饔餼食重者沐浴而食可知卿大夫訝大夫士訝士皆有訝卿使者大夫上介也士衆介也訝主國君所使迎待賓者如今使者護客疏卿大至有訝○注卿使至護客○釋曰云卿大夫訝者謂大聘使卿主人使大夫迎士訝者小聘使大夫主人使士迎言皆有訝者自介已下皆迎之云卿使者大夫上介士衆介也者據此篇是侯伯之卿大聘而言其實小聘使大夫亦使士迎之所迎者謂初行聘及饔食燕皆迎之故鄭君無所止定賓即館訝將公命使已迎待之命疏賓即館訝將公命○注使已迎待之命○釋曰案秋官掌訝職云賓入館次于舍門外待事于客注云次如今宮府門外更衣處待事于客通其所求索彼謂天子有掌訝之官共承客禮此諸侯使無掌訝是以還遣所使大夫士訝將公命有事通傳于君又見之以其摯又復也復以私禮見者訝將舍於賓館之外宜相親也大夫訝者執鴈士訝者執雉疏又見之以其摯○注又復至執雉○釋曰云復

以私禮見者訝將舍於賓館之外宜相親也者禮掌訝舍於賓之館門外此大夫士君使爲訝雖非掌訝之官亦爲次舍于賓之館外宜相親故執摯以相見大夫訝者執鴈士訝者執雉案士相見及大宗伯文也

賓既將公事復見之。以其摯

既已也公事聘享問大夫復報也使者及上介執鴈羣介執雉各以見其訝

〔疏〕賓既至其摯○注既已至其訝○釋曰云以公事聘享問大夫者此並行君物享主國君及問大夫故云公事也云復報也者有報訝者以摯私見已今還以摯私報之知使者及上介同執鴈不執羔者見上文主國卿大夫勞賓同執鴈則知此使者及上介同執鴈可知各以見其訝者謂使者見大夫之訝者上介見士之訝者士介亦見士訝者

凡四器者唯其所寶以聘可也

言國獨以此爲寶也四器謂圭璋璧琮

〔疏〕凡四至可也○注言國至璧琮○釋曰案以公事宗伯云以玉作六瑞王執鎮圭公執桓圭以下人執之曰瑞又云以玉作六器以禮天地四方謂禮神曰器此四者人所執不言瑞而言器者對文執之曰瑞禮神曰器散文則通雖執之亦曰器是以尚書云五器卒乃復與此文皆稱器云言四國獨此以爲寶者案周禮天府職凡邦國之玉

鎮大寶器藏焉注云玉鎮大寶器玉瑞玉器之美者是其玉稱寶云四器謂圭璋璧琮者是據上經圭璋以行聘璧琮以行享而言此據公侯伯之使者用圭璋璧琮若子男使者聘用璧琮享用琥璜

宗人授次次以帷少退于君之次主國之門外諸侯及卿大夫之所使者次位皆有常處

（疏）宗人至之次○注主國至常處○釋曰主國門外以其行朝聘陳賓介皆在大門外故次亦在大門外可知云諸侯及卿大夫之使者次位皆有常處者以其上公九十步侯伯七十步子男五十步使其臣聘使大聘小聘又各降二等其次皆依其步數就西方而置之未行禮之時止於次中至將行禮賓乃出次凡爲次君次在前臣次在後故云少退於君之次故云皆有常處

上介執圭如重授賓慎之也曲禮曰凡執主器執輕如不克

（疏）上介至授賓○注慎之至不克○釋曰此謂當將聘於主君廟門外上介屈繅以授賓賓襲受之節引曲禮者彼器即此玉欲證執玉如重之義也

賓入門皇升堂讓將授志趨皇自莊盛也讓謂舉手平衡也志猶念也念趨謂審行步也孔子之執圭鞠躬如也如不勝上如揖下如授勃如戰色足蹜蹜如有循古

文皇皆作王 疏 賓入至志趨○注皇自至作王○釋曰賓入門皇謂未至堂時升堂讓謂升堂東面向主君之時將授志趨謂賓執玉向楹將授玉之時念鄉入門在庭時執玉徐趨今亦然若降堂後趨進翼如則疾趨也云讓謂舉手平衡也者謂若曲禮云凡奉者當心下又云執天子之器則上衡注云謂高於心國君則平衡注云謂與心平則此亦執國君器也故引之。爲證引孔子之執圭者鄉黨論孔子爲君聘使法彼足蹜蹜如有循謂徐趨據入彼國廟門執玉行步之時以足容重退之在降堂之下與此趨同故爲證也

授如爭承下如送君還而后退 重失隊也而后猶然後也 疏 授如至後退○注重失至後也○釋曰授謂就東楹授玉於主君時如與人爭承取物恐失墜云下如送君還而后退者以上文次言之此下如送者止。謂聘享辟訖君實不送而賓之敬如君送然故云下如送也君迴還賓則退出廟門更行後事非謂賓出大門也

下階發氣怡焉再三舉足又趨 發氣舍息也。再三舉足自安定乃復趨也至此云舉足則志趨卷遯而行也孔子之升堂鞠躬如也屏氣似不息者出降一等逞顏色怡怡如也沒階趨進翼如也 疏 下階至又趨○

注發氣至如也○釋曰云下階發氣怡焉者即論語云出降一等逞顔色怡怡如也云再三舉足自安定乃復趨也者謂降時再三舉足故又趨進翼如也云發氣舍息者以將授玉屏氣似不息今既授玉降階縱舍其氣怡然和悅也云至此舉足則志趨卷遯而行也者是釋志趨爲徐趨此舉足爲疾趨也

及門正焉容色復故此皆心變見於威儀

疏及門正焉○注容色至威儀○釋曰此謂聘訖將更有享而出門時云心變見於威儀者以其貌從心起觀威儀省禍福觀貌可以知心故也

執圭入門鞠躬焉如恐失之記異說也

疏執圭至失之○注記異說也○釋曰亦謂將聘執圭入廟門時云鞠躬焉則鞠躬如也如恐失之者即執輕如不克也云記異說者以上文已記執圭此又記執圭之儀以同記事而言有差異人記事說有不同也

及享發氣焉盈容發舍氣也孔子之於享禮有容色

疏及享至盈容○注發舍至容色○釋曰云及享發氣焉盈容者即孔子行享禮有容色一也故注引爲證也此發氣即上注云舍息一也

衆介北面蹌焉容貌舒揚

疏衆介北面蹌焉○注容貌舒揚○釋曰此謂賓行聘衆介從入門左

北面曲禮云大夫濟濟士蹌蹌鄭云皆行容止之貌故此注亦云容貌舒揚也但彼大夫云濟濟諸侯云皇皇上文賓入門皇得與諸侯同者以其執君圭璋志在重玉故行容得與君同若尋常行則大夫濟濟也

私覿愉愉焉容貌和敬疏私覿愉愉焉○注容貌和敬○釋曰上文享時盈容對聘時儀貌戰色顏舒緩此私覿對享時又愉愉和敬舒於盈容也

出如舒鴈威儀自然而有行列舒鴈鵝疏出如舒鴈○注威儀至鴈鵝○釋曰此出廟門之外行步如鵝又紓緩於愉愉也云舒鴈鵝者爾雅釋鳥文

皇且行入門主敬升堂主慎復記執玉異說疏皇且至主慎○注復記執玉異說○釋曰上已二度記執玉行步之法今又云皇且行是別有人更記此執玉行法故云復記執玉異說也

凡庭實隨入左先皮馬相閒可也隨入不並行也閒猶代也土物有宜君子不以所無爲禮畜獸同類可以相代古文閒作干疏凡庭至可也○注隨入至作干○釋曰云左先者以皮馬以四爲禮北面以西頭爲上故左先入陳也云君子不以所無爲禮者案禮器云天不生地不養君子不以爲禮言當國有馬

而無虎豹皮則用馬或有虎豹皮并有馬則以皮爲主而用皮也云畜獸同類可以相代者畜謂馬獸謂虎豹爾雅釋云在家曰畜任野曰獸云同類者爾雅又云二足而羽謂之禽四足而毛謂之獸若然則馬畜亦是四足之類故云同類可以相代也

賓之幣唯馬出其餘皆東馬出當從廄也餘物皆東藏之內府

疏 賓之至皆東○注馬出至內府○釋曰云馬出當從廄也者若有皮之國用皮則不出亦從餘物東藏也知東藏之內府者案天官內府職云凡四方之幣獻之金玉齒革兵器凡良貨賄入焉注云諸侯朝聘所獻國珍彼天子禮諸侯亦當有內府諸侯自朝聘其貨獻珍異亦入內府故注依之也

多貨則傷于德貨天地所化生謂玉也君子於玉比德焉朝聘之禮以爲瑞節重禮也多之則是主於貨傷敗其爲德

疏 多貨則傷于德○注貨天至爲德○釋曰此經主論聘享所用圭璋璧琮不得過多之事也云貨天地所化生謂玉也者鄭注周禮九職亦云金玉曰貨布帛曰賄故此注云貨天地所化生謂玉也下注云幣人所造成幣則布帛曰賄對金玉是自然之物也云君子於玉比德焉者聘義文云重禮也亦聘義文云多之則是主於貨傷敗其爲德者以玉比德故朝聘用之相厲以

德不取重寶珍美之意若多之則是主於貨物不取相厲以德是傷敗其爲德德是以圭璧聘享主國君璋琮聘享主國夫人各用一而已也

幣美則沒禮幣人所造成以自覆幣謂束帛也愛之斯欲衣食之君子之情也是以享用幣所以副忠信美之則是主於幣而禮之本意不見也

疏幣美則沒禮○注幣人至見也○釋曰此主論享時用束帛故享君用束帛享夫人用束錦皆不得過美云幣人所造成以自覆幣謂束帛也者案禮記檀弓伯高之喪孔氏之使者未至冉子攝束帛乘馬而將之孔子曰異哉徒使我不誠於伯高鄭注云禮所以副忠信也忠信而無禮何傳乎是知自覆者覆忠信而已若更美則主意於財美而禮不見故沒禮也云愛之斯欲衣食之君子之情也者禮記檀弓云愛之斯錄之矣彼據愛父母而作此亦微取彼文但此云愛之斯欲衣食之兼言食謂以幣欲之君子之情則忠信

賄在聘于賄賄財也于讀曰爲言主國禮賓當視賓之聘禮而爲之財也賓客者主人所欲豐也若苟豐之是又傷財也周禮曰凡諸侯之交各稱其邦而爲之幣以其幣爲之禮古文賄皆作悔

疏賄在聘于賄○注賄財至作悔○釋曰鄭轉于作爲者欲就司儀之文爲解故也云言主國禮賓者釋經賄是主國禮賓

也云當視賓之聘禮者釋經在聘謂在賓聘財多少云而爲
之財也者釋經于賄也謂主人視賓多少爲財賄報賓云若
苟豐之是又傷財也者凡行禮用財者取不豐不儉取於折
中若苟且豐多則傷於貪財引周禮者秋官司儀職文案彼
注云幣謂享幣也於大國則豐於小國則殺解經各稱其邦
而爲之幣彼又注云主國禮之如其豐殺之禮解經以其幣
爲之禮謂賄用束紡禮玉。
束帛乘皮及贈之屬是也

凡執玉無藉者襲

藉謂繅也繅所以縕藉玉

（疏）凡執玉無藉者襲○注藉謂至藉玉○釋曰凡繅
藉有二種若以木爲中幹施五采三采者北繅常
有不得云無藉今此云無藉者襲據絢組尺繅藉而言若廟
門外賈人啓櫝取玉垂繅以授上介上介裼受上介屈繅以
授賓賓即襲受即此執玉無藉者是也此文與曲禮
同故曲禮凡執玉其有藉者則裼無藉者則襲是也

禮不拜至

以賓不於是始至今文禮爲醴

（疏）禮不拜至○注以賓至爲醴○釋曰此文承執玉帛之下聘臣
事據鄉飲酒賓主升堂主人有拜至之禮此賓昨日初至之
時主人請賓行禮賓言俟閒此時賓已至矣故聘時不拜至
是以鄭云以賓
不於是始至

醴尊于東箱瓦大一有豐

瓦大瓦尊豐承

尊器如豆而卑薦脯五膱祭半膱橫之膱脯如版然者或謂之脡皆取直貌焉

疏注膱脯至貌焉○釋曰此脯禮賓時所用薦脯是也案鄉飲酒禮云薦脯五脡故云或謂之脡皆取直貌祭醴再扱始扱一祭卒再祭卒謂後扱主人之庭實則主人遂以出賓之士訝受之此謂餘三馬也左馬賓執以出矣士士介從者

疏主人至受之○注此謂至從者○釋曰此主人之庭實者謂主人禮賓時設乘馬也經云賓執左馬以出三馬在後主人從者牽之遂從賓以出於門外賓之士介迎受之故鄭云此謂餘三馬也知士是士介從者以其經云從者訝受馬此既云士故知士介從者也

既覿賓若私獻奉獻將命時有珍異之物或賓奉之所以自序尊敬也猶以君命致之

疏既覿至將命○注時有至致之○釋曰云猶以君命致之者以經云將命是以知雖是私獻已物與君物同皆云君命致之臣統於君故擯者入告出禮辭辭其獻也賓東面坐奠獻再拜稽首送獻不入者奉

物禮輕疏注送獻至禮輕○釋曰云奉物禮輕者謂以奉私獻入則是主於貨傷敗於享覿故不入擯者東面坐取獻舉以入告出禮請受東面坐取獻者以宜並受也其取之由賓南而自後右客也疏擯者至請受○注東面至客也○釋曰擯者東面坐取獻舉以入告者謂擯者從門東適南方西行於賓北○舉幣入告於君及出一請於賓而受之故云出禮請受云東面坐取獻者以宜並受也者獻物在門外擯者出受之擯者與賓敵並受故云宜並受也云其取之由賓南而自後右客也者案上受享之時受皮者自後右客鄭注云自由也從東方來由客後西居其左受皮也此賓門西東面與獻擯者從東由賓南自客後居賓左取獻物故云自後右客也賓固辭公荅再拜拜受於賓也固亦衍字疏注固亦衍字○釋曰知固是衍字者以其上擯者禮請受不云固明知賓不固辭故云固衍字云亦者亦士介私覿時賓固辭鄭注云固衍字當如面大夫也擯者立于閾外以相拜賓辟相贊也古文閾爲蹙擯者授宰夫于中庭東藏之既乃介覿若兄弟之

國則問夫人兄弟謂同姓若昏姻甥舅有親者問猶遺也謂獻也不言獻者變於君也非兄弟獻不及夫人疏注兄弟至夫人○釋曰云兄弟謂同姓者若魯於晉鄭之等同姓也云若昏姻甥舅有親者若魯取齊女以爲舅齊則以魯爲甥是有親者也云非兄弟獻不及夫人者以其經云兄弟之國則問夫人則非兄弟問不及夫人可知若君不見君有疾若他故不見使者疏若君不見○注君有至使者○釋曰云他故者病之外或新有哀慘也使大夫受受聘享也大夫上卿也疏使大夫受○注受聘至卿也○釋曰知受聘享者以其在後雖有覿獻之法聘享在前是以據在先者而言云大夫上卿也者以其卿上大夫故以卿爲大夫必知使卿不使下大夫者以其君無故君親受今既有故明使上卿代君受之自下聽命自西階升受負右房而立賓降亦降此儀如還圭然而賓大夫易處耳今文無而疏注此儀至處耳○釋曰案上使大夫還玉於館大夫升自西階鉤楹賓自碑內聽命升自西階自左○南面受圭退負右房而立大夫降中庭賓降自碑內東面授上介于阼階東此中與彼還玉皆升自西階

此非易處也但還玉時賓自大夫左受之此中大夫於賓左受之其賓主之位皆易處於還玉時故云易處也

不禮辟正主也古文禮作醴【疏】不禮○注辟正主也○釋曰案上聘享及私覿訖主君禮賓此大夫代君不禮故云辟正主也

幣之所及皆勞不釋服以與賓接於君所賓又請有事于己不可以不速也所不及者下大夫未嘗使者也不勞者以先是賓請有事於己同類既聞彼爲禮所及則已往有嫌也所以知及不及者賓請有事固曰某子某子【疏】幣之至釋服○注以與至某子○釋曰云不可以不速也者釋經不釋服即注云所不及者下大夫未嘗使者以其經云下大夫嘗使至者幣及之故知所不及者是下大夫未嘗使者也云不勞者以先是賓請有事於己同類既聞彼爲禮所及則已往有嫌也者此勞賓在後賓請有事於大夫在聘日云先是賓請有事於己同類同類謂幣所及者故鄭云既聞彼爲禮所及云則已往有嫌者彼國幣及己是以禮加於己今勞賓者是以禮報之若幣不及己若往勞賓則是己有禮於賓是褻賓無禮於己之嫌是以不往勞之故云已往有嫌也云所以知及不及者賓請有事固曰某子某子者當賓請事於大夫之時顯此倀子李子之等使受禮者預知爾時不道己姓

則知已乃幣所不及賜饔唯羹飪筮一尸若昭若穆羹飪謂飪一牢也肉謂之羹唯是祭其先大禮之盛者也筮尸若昭若穆容父在父在則祭祖父卒則祭禰腥饋不祭則士介不祭也士之初行不釋幣于禰不祭可也古文羹爲羔飪作腍疏賜饔至若穆○注羹飪至作腍○釋曰古者天子諸侯行載廟木主大夫雖無木主亦以幣帛主其神是以受主國饔饋故筮尸祭然後食之尊神以求福故也昭穆言若者以其昭穆不定故云若也云腥饋不祭則士介不祭吔者上致饔饋之時云上介饔饋三牢則飪腥饋三者皆有故云士介四人皆饋大牢無飪可祭故知士介不祭也

僕爲祝祝曰孝孫某孝子某薦嘉禮于皇祖某甫皇考某子僕爲祝者大夫之臣攝官也疏僕爲至某子○注僕爲至官也○釋曰經並云孝孫孝子皇祖皇考以其不定故兩言謂上經若昭若穆亦兩言之云僕爲祝者大夫之臣攝官也者若然諸侯不攝官使祝祝策矣案定四年祝佗云嘉好之事君行師從卿行旅從則臣無事若君朝于王國祭饔之時得不攝官乎諸侯不使人攝是以覲禮云侯氏裨冕釋幣于禰注云釋幣于禰之禮既則祝藏其

幣歸乃埋之於祧西階之東大夫使償攝祝則是本無祝官與諸侯異矣其諸侯禮大祝不行知不使小祝行者以其掌客云羣介行人宰史是諸侯從官不言祝明大小祝俱不行矣

如饋食之禮如少牢饋食之禮不言少牢今以大牢也今文無之疏如饋食之禮○注如少牢至無之○釋曰云如少牢饋食之禮者案少牢禮有尊俎籩豆鼎敦之數陳設之儀陰厭陽厭之禮九飯三獻之法上大夫又有正祭於室儐尸於堂此等皆宜有之至於致爵加爵及獻兄弟弟子等固當畧之矣

假器於大夫不敢以君之器爲祭器疏假器於大夫○注不敢至祭器○釋曰案曲禮云大夫士去國大夫寓祭器於大夫士寓祭器於士注云與得用者言寄覬已後還若然卑者不得用尊者之器是以此大夫聘使不得將己之祭器而行致饔餼雖是祭器人臣不敢以君之器爲祭器是以聘使是大夫還於主國大夫假祭器而行之

肦肉及廋車肦猶賦也廋廋人也車巾車也二人掌視車馬之官也賦及之明辯也古文肦作紛疏肦肉及廋車○注肦猶至作紛○釋曰此謂怒訖歸胙在下云廋廋人也車巾車也者案周禮天子夏官有廋人職掌養馬春官有巾車職諸侯雖兼官亦當有廋人巾車是故引

周禮爲證聘日致饔急歸大禮明日問大夫不以殘日問人崇敬也古文曰問夫人也夕夫人歸禮與君異日下之也今文歸作饋既致饔旬而稍宰夫始歸乘禽日如其饔餼之數稍稟食也乘禽乘行之禽也謂鴈鶩之屬其歸之以雙爲數其賓與上介也古文既爲餼

【疏】既致至之數○注稍稟至爲餼○釋曰云既致饔旬而稍者以其賓客之道十日爲正行聘禮既訖合歸一旬之後或逢凶變或主人留之不得時反即有稍禮故下文云既將公事賓請歸注云謂已問大夫事畢請歸不敢自專謙也主國留之饗食燕獻無日數盡殷勤也是主人留之是以周禮漿人亦共賓客之稍禮注云稍禮非飧饔之禮留閒王稍所給賓客者漿人所給亦六飲而已諸侯相待亦如之是其留閒致稍者也云乘禽乘行之禽也者別言此者欲見此乘非物四曰乘言如其饔餼之數者一牢當一雙故聘義云乘禽日五雙是此饔餼五牢者也云鴈鶩之屬者案爾雅二足而羽若然上介三牢則三雙也士介一牢則一雙也羽謂之禽故以禽爲鴈鶩之屬云其賓與上介也者以其下文別有士介故也

士中日則二雙

中猶閒也不一日一雙大寡不敬也

凡獻執一雙委其餘于面

執一雙以將命也面前也其受之也上介受以入告之士舉其餘從之賓不辭拜受于庭上介執之以相拜于門中乃入授人上介受亦如之士介拜受于門外

疏 凡獻至于面○注執一至門外○釋曰云上介受以入告之士舉其餘從之者此乘禽而云凡獻宜約私獻私獻擯者取獻以入士舉其餘此若上介受入明其餘士舉從入可知云不辭拜受于庭者以其經無辭文又饔餼云禮辭明此禽禮輕無辭受于庭可知上介執之以相拜于門中乃入授人者此亦約私獻私獻之時擯者取獻以入又云擯者立于閾外以相拜賓辟擯者授宰夫是其約也云上介受亦如之者以其受饔餼之時上介受已如賓禮故知受乘禽亦如賓也云士介拜受於門外者以其受餼在門外此受乘禽在門外可知

禽羞俶獻比

比放也其致之禮如乘禽也禽羞謂成孰有齊和者俶獻四時珍美新物也俶始也言其始可獻也聘義謂之時賜

疏 禽羞俶獻比○注比放至時賜○釋曰云禽羞謂成孰有齊和者以其稱羞謂若庶羞內羞之等故稱禽則以鴈鶩等爲之故以成孰解之聘義謂之時賜者案聘義云燕與時賜無數時賜謂四時珍異以賜諸賓客

與此倣獻是一物故引以爲證歸大禮之日既受饔餼請觀聘於是國欲見其宗廟之好百官之富若尤尊大之焉訝帥之自下門入帥猶道也從下門外入游觀非正也各以其爵朝服此句似非其次宜在凡致禮下絕爛在此疏各以其爵朝服○注此句至在此○釋曰云宜在凡致禮下者以其各以其爵朝服爲致禮而言故如義然士無饔無饔者無擯謂歸餼也疏士無至無擯○注謂歸餼也○釋曰案上經直云宰夫朝服以致之是其無饔餼宰夫退去士介不儐之是也大夫不敢辭君初爲之辭矣此何亦非其次宜在明日問大夫之下疏大夫至辭矣○注此句至之下○釋曰此謂賓問卿之時卿不敢辭者以賓聘享訖出大門請有事於大夫君禮辭許是君初爲之辭故卿不辭也凡致禮皆用其饗之加籩豆凡致禮謂君不親饗賓及上介以酬幣致其禮也其其賓與上介也加籩豆謂其實也亦實於甕筐饗禮今亡疏凡致至籩豆○注凡致至今亡○釋曰云其其賓與上介也者案上

經賓壹食壹饗上介若食若饗唯上介不言饗故知其中唯有賓與上介耳云加籩豆謂其實也亦實于罋者案致饔餼醯醢是豆實實于罋明此饗之豆實亦實于罋可知也案昭六年夏季孫宿如晉拜莒田也晉侯享之有加籩武子退使行人告曰小國之事大國也苟免於討不敢求貺得貺不過三獻今豆有加下臣弗堪無乃戾也此中致饗有加籩豆者饗使者無加籩豆之正禮此云加籩豆者殷勤之義也云饗禮今亡者以其食禮在知其豆數饗禮亡無文以知之

無饔者無饗禮 士介無饗禮 疏 無饔者無饗禮○注士介無饗禮○釋曰無饔者無饗禮文承饗下故鄭以無饗禮解之以其賓與上介饔餼俱有故有饗士介唯有餼而已無饔故無饗禮也

凡餼大夫黍粱稷筐五斛 謂大夫餼賓上介也器寡而大略 疏 凡餼至五斛○注謂大至大略○釋曰案上經云大夫餼賓大牢米八筐衆介米六筐不辨大小故此記人辨之云筐五斛云器寡而大略者以其君歸饔餼于賓與大夫介皆米小而多者是尊者所致以多器爲榮今大夫致禮於賓介器寡而大是略之於卑者也

既將公事賓請歸 謂已問大夫事畢請歸不敢自專謙也主國留之饗食燕

獻無日數【疏】既將公事賓請歸○注謂已至勤也○釋曰盡殷勤也云已問大夫者請問三御與下大夫嘗使於彼國幣所及皆是君命及以君物行禮者皆是公事事訖故請歸也云主國留之饗食燕獻無日數盡殷勤也者亦謂至旬賓乃將歸主君乃留賓有此饗食燕獻之等故燕禮注云今燕又宜獻焉是也云無日數者謂行此饗食之等相去希數無常日數盡主人殷勤也

凡賓拜于朝訝聽之拜拜賜也唯稍不拜【疏】凡賓至聽之○注拜拜至不拜○釋曰案上經云賓三拜乘禽於朝訝聽之遂行舍于郊又案司儀云明日客拜禮賜遂行是臨行大小禮皆拜賜則知唯米禾芻薪等不拜也

燕則上介爲賓賓爲苟敬饗食君親爲主尊賓也燕私樂之禮崇恩殺敬也賓不欲主君復舉禮事禮已于是辭爲賓君聽之從諸公之席命爲苟敬苟敬者主人所以小敬也更降迎其介以爲賓介大夫也雖爲賓猶卑於君君則不與亢禮也主人所以致敬者自敵以上【疏】燕則至苟敬○注饗食至以上○釋曰云饗食君親爲主尊賓也者以其饗食在廟爲賓於君親爲主至後燕禮在寢又以醉爲度崇於恩殺於敬故賓辭而使介爲賓也以苟敬爲小敬者以阼階西近主爲位諸公

坐位故云小敬對戶牖南面爲大敬云更降迎其介以爲賓者介在廟門內西北面降至庭迎之云不與亢禮也者君取燕義文解君不親爲獻主而使宰夫之意也云主人所以致敬者自敵以上者謂兩君相見兩大夫兩士以上則主人親獻也

宰夫獻爲主人代公獻**無行則重賄反幣**無行謂獨來復無所之也必重其賄與反幣者使者歸以得禮多爲榮所以盈聘君之意也反幣謂禮玉束帛乘皮所以報聘君之享禮也昔秦康公使西乞術聘于魯辭孫而說襄仲曰不有君子其能國乎厚賄之此謂重賄反幣者也今文曰賄反幣〔疏〕無行至反幣○注無行至反幣○釋曰云重其賄即上賄在聘于賄是也反幣謂上禮玉束帛乘皮是也云秦康公者案文公十二年左氏傳云秦伯使西乞術來聘云云是也此特。來非歷聘歷聘則吳公子札聘於上國聘齊聘魯是也

曰子以君命在寡君寡君拜君命之辱此贊君拜聘享辭也在存也〔疏〕曰子至之辱○釋曰此及下三經即上經云公館賓賓辟上介聽命聘享夫人之聘享問大夫送賓公皆再拜注云拜此四事彼見其拜此見其贊辭也

君以社稷故在寡小君

拜此贊拜夫人聘享辭也言君以社稷故者夫人與君體敵不敢當其惠也其卒亦曰寡君拜命之辱【疏】君用至君拜○注此贊至之辱○釋曰云言君以社稷故者夫人與君體敵不敢當其惠也者釋經云社稷故以其禮記哀公問孔子云取夫人爲社稷主婦人無外事天地并社稷后夫人雖不與以夫婦一體故夫人亦得云社稷主是其云社稷故者見夫人與君體敵今夫人使致禮來主人不敢當下文云君既寡君延及二三老是與君不敵敢當之也君既寡君延及二三老拜此贊拜問大夫之辭既賜也大夫曰老又拜送拜送賓也其辭蓋云子將有行寡君敢拜送自拜聘享至此亦非其次宜承上君館之下【疏】又拜送○注拜送至之下○釋曰此即上經君即館拜送賓故鄭云此宜承上君館之下賓於館堂楹閒釋四皮束帛賓不致主人不拜賓將遂去是館留禮以禮主人所以謝之也不致不拜不以將別崇新敬也【疏】注不致至敬也○釋曰若賓敬主宜致主人敬賓宜拜皆是崇敬若致與拜即是崇新敬故不爲若鄉飲酒送賓賓不答禮有終相類也大夫來使無罪饗

之樂與嘉賓爲禮疏大夫至饗之○注樂與嘉賓爲禮○釋曰案鹿鳴序燕羣臣嘉賓此無罪饗之亦是樂賓爲禮者也

過則餼之餼之腥○致其牢禮也其致之辭不云君之有故耳聘義曰使者聘而誤主君不親饗食所以愧厲之也不言罪者罪將執之疏○過則餼之○注餼之至執之○釋曰云過則餼之謂禮有失誤故引聘義使者聘而誤主君○云不言罪者罪將執之者春秋之義聘賓有罪皆執之若然上經云無罪饗之有罪非但不饗又執之此過則餼之雖不饗猶生致過輕故也若然上云罪下云過互見其義也

其介爲介饗賓有介者賓尊行敵禮也疏其介爲介○注饗賓至禮也○釋曰謂饗賓於廟之時還以聘之上介爲介若然上經上介主人別行饗則是從賓爲介得介則饗復別饗也云賓尊行敵禮也者若鄉飲酒賓主行敵禮而有介然也

有大客後至則先客不饗食致之卑不與尊者齊禮疏有大至致之○注卑不至齊禮○釋曰此據聘禮而言則無君朝之事若然則前有小國之卿大夫來聘將行饗食有大國卿大夫來聘則廢小國饗食之禮以其卑不與尊齊禮並行之

唯大聘有几筵謂受聘享

時也小聘輕雖受于廟不爲神位【疏】唯大聘有几筵○注謂受至神位○釋曰案上經云几筵既設擯者出請命者行聘享及私覿禮畢云宰夫徹几改筵是行聘享爲神位今小聘不爲神位故也

十斗曰斛十六斗曰籔十籔曰秉秉十六斛今江淮之間量名有爲籔者今文籔爲逾二百四十斗謂一車之米秉有五籔四秉曰筥此秉謂刈禾盈手之秉也筥穧名也若今萊陽之間刈稻聚把有名爲筥者詩云彼有遺秉又云此有不斂穧【疏】四秉曰筥○注此秉至斂穧○釋曰云此秉爲刈禾盈手之秉也對上文秉爲量名也引詩者證此秉爲盈手穧即此筥亦一即今人謂之一鋪兩鋪也

十筥曰稯十稯曰秅四百秉爲一秅一車之禾三秅爲千二百秉三百筥三十稯也古文稯作緵【疏】注一車至作緵○釋曰云一車之禾三秅即經致饔餼時云禾三十車車三秅也

儀禮卷第八 經五千三百四 注一萬九百六十一

儀禮疏卷第二十四

儀禮注疏卷二十四校勘記　阮元撰盧宣旬摘錄

賓入竟而死

謂始死至殯　始陳本作如

論賓介死之事　要義同毛本無論字

直云至殯所當用明不殯於館取其至殯節　自至殯至取其十二字陳閩俱無通解毛本有惟殯下多一爲字要義與此本同

介攝其命

以是今賓死　要義同毛本無賓字

君弔

雖有臣子親因　徐本同毛本集釋通解楊氏因俱作姻

猶不爲主人 要義同毛本無猶字○按有猶字與注合

主人歸禮幣

不必如致殯襚之禮 要義無如字

束紡皮帛之類 類要義作贈

介受賓禮

當陳之以反命也 要義同毛本無命字○按命字與注合

以有賓喪 陳閩要義同毛本有作其

歸介復命

外朝當在臯門外 陳閩通解要義同毛本當作應

士介死爲之棺斂之 爲上要義有則字

不具他衣物也　物通解作服

他衣物亦具之　物要義作服○按當作衣物

不具他物也　要義同毛本物上有衣字

若賓死未將命　未唐石經作來誤

謂俟間之後也　徐本集釋通解楊敖同毛本謂作請

以巳至朝　張氏曰監本已作巳從監本

則知上國外死　要義同毛本上下有介字監本介字擠入○按上猶言上文也

小聘曰問不享　陸氏曰享本又作饗

面猶覿也　浦鏜云下脫今文禮作醴五字集釋依正誤盧文弨云此下敖有今文禮作醴五字案下記不禮注古文禮作醴敖乃移於此而改古文為今文今按集釋者亦依敖氏而增此五字非是○按敖氏聘禮正誤不

醴一條在醴不拜至之後明係記中之不禮非此經之不禮也不知按者何以皆誤認

此對大聘升堂受　要義同毛本聘下有時字

若有故

方板也　板釋文集釋通解楊氏俱作版陸氏云版音板

及時相告請者　要義同毛本時下有事字按各本注俱有事字

簡謂據一片而言　毛本簡作皆陳閩要義皆上俱有簡字要義無皆字陳閩俱無謂字監本皆謂誤作謂謂

南史氏執簡以往　要義同毛本無氏字

皆尺二寸　按春秋序疏云鄭元注論語序以鉤命決云春秋二尺四寸書之孝經一尺二寸書之故知六經之策皆稱長二尺四寸然則此云尺二寸乃傳寫之誤當作二尺四寸下云孝經謙半之乃一尺二寸

也又云論語八寸策者三分居一又謙焉謂論語八寸居六經三分之一比孝經更少四寸故云又謙焉

古文篆書一簡八分字 要義同毛本無分字

主人使人

賓出而讀之讀之不於內者 徐本集釋楊氏同毛本通解不重出讀之二字

主國君也 徐本集釋通解要義楊氏俱無主字敖氏毛本有

客將歸

此爲書報上有故之事 閩本同毛本此爲作爲此

明日

爲昨日爲書報之 要義同毛本通解楊氏俱無上爲字

旣受行出

未知所之遠近　遠上陳閩俱有以字

使者既受行日　唐石經無既字按疏有既字

少退別其處　毛本別下有於字徐本集釋通解楊氏俱無張氏曰注曰少退別其處按釋文別于之注云別處同別處謂此也無其字從釋文○按張引注亦無於字又據釋文去其字與疏合惟前經使者北面節疏引此注無於字而有其字

皆同位北面東上　陳閩俱無同字

北面　毛本北上有使者二字○按無使者二字非也

出祖

軷涉山川　張氏曰釋文釋經釋軷之注云注跋涉音同此軷葢跋字也從釋文

或伏牲其上　毛本無或字徐本集釋通解楊氏俱有與疏合上陳閩葛本俱誤作十

謂平敵道路之神 要義同毛本通解敵作適按適是也

鄭注行廟門外之西 要義同毛本注下有云字行下有在字○按月令注有在字

用牲物 毛本用作命○按作用與周禮秋官犬人合

云其有牲犬羊可者 毛本無有字○按各本注俱無有字

所以朝天子□朱白倉 雜記疏三采六等以朱白蒼畫之再行也者案聘禮記云朝天子圭與繅皆九寸繅三采六等朱白蒼朱白蒼是也既重云朱白蒼是一采爲二等相間而爲六等也朱子曰記只有朱白蒼三字而雜記疏所引乃重有之不知何時傳寫之誤失此三字蒼唐石經嚴本集釋敖氏俱作倉與單疏標目合通解楊氏毛本俱作蒼

象天圜地方也 徐本通解楊氏同毛本圜作圓

以韋衣木板 板陳本作版

上公之圭也　嚴本集釋通解楊氏敖氏同毛本上作三

子執穀璧男執蒲璧　兩璧字要義俱作圭按圭非

瑞亦是節信　通解要義同毛本是作皆

剡上左右各寸半　通解要義同毛本寸半作半寸○按寸半是也

然後以韋衣之　通解同毛本衣下有包字

問諸侯

子男即一采爲一帀　毛本作但一采爲一帀○按此本是也

繅皆二采一就以覜聘　陳閩通解同毛本覜作頫

繅藉五采五就　毛本五作伍○按五與周禮合

諸侯遣臣自問　要義同毛本問上有相字

皆元纁繫

無事則以繫玉 重修監本玉誤作王

上以元 元下聶有爲天二字

鄭注論語文成章曰絢 要義同毛本文作云○按文成章三字當連讀

此組繫亦名纁藉 陳閩要義同毛本纁作褀

故本降以解纁 毛本本作舉

辭多則史

故辭多爲文史 爲要義作則

辭曰非禮也敢對曰非禮也敢辭 毛本敢下無辭字唐石經徐本俱有與此本標目合集釋通解楊敖俱無要義載經亦無辭字張氏曰經曰辭曰非禮也敢對曰非禮也敢辭按注云辭不受對荅問也二者

皆卒曰敢言不敢又按疏云辭謂賓辭主人荅謂賓荅主人介則在旁曰非禮也敢以注及疏文義放之下羨一辭字審矣又嘗疑注辭不受也之句上更有一辭字傳寫者誤以注文作經文今減經以還注石經考文提要云細繹經文賓辭主人既稱辭則敢下可省文賓對主人亦當有辭字若省辭字是爲非禮也敢對矣監本以經辭字混人注首而疏中仍作非禮也敢辭卽一本中可證今從唐石經宋本儀禮鄭注○按張說是也注以辭爲不受對爲荅爲截然兩事二者皆曰不敢一則不敢不辭一則不敢不對疏引易注其義甚明故朱子敖氏皆從張說疏中非禮也敢辭句此本無辭字毛本於經注既依通解而疏中反增一辭字適滋後人之惑然此本標經文起止仍有辭字蓋自唐石經之後誤讀已久挍疏者不知而誤改耳

辭不受也　毛本重辭字徐本不重要義敖氏載注亦不重集釋通解楊氏俱同毛本按經末辭字卽因注首辭字而誤衍在經宜刪在注不必重唯魏氏敖氏得之張氏引注無也字

非禮也敢　張氏通解要義同毛本敢下有辭字

瑣瑣斯其所取災 瑣瑣，上要義有旅字

爻互體艮字 要義無體字按王應麟輯周易鄭注亦有體

管人爲客

管人 管通解作館

飧不致

君不以束帛致命者 按君疑云字之誤

草次饌具輕者 要義同毛本饌作飧

賓不拜

以不致命 命敖氏作也

卿大夫訝大夫

主人使大夫迎士訝者陳閩通解楊氏俱無迎士者三字

主人使士迎迎閩本作逆陳本通解俱作訝

及饗食燕皆迎之通解要義楊氏同毛本無燕字

故鄭君無所止定要義同毛本通解止作指

賓即館

如今宮府門外更衣處通解同毛本要義楊氏宮俱作官要義無門外二字○按毛本不誤否則與周禮注不合

賓既將公事復見之以其摯之唐石經徐本集釋要義敖氏俱作之通解楊氏俱作訝石經考文提要曰監本作見訝此因儀禮經傳通解之誤通解引此記與上文又見之以其摯不相屬故改爲訝傳寫者不知其意而沿之

此並行君物享主國君　要義同毛本物作聘

有報訝者　要義同毛本有上有向字

凡四器者

云言四國獨此以爲寶者　毛本要義無四字按各本注俱無四字又此以注作以此

是其玉稱寶　要義同毛本其作以

宗人授次

云諸侯及卿大夫之使者　要義同毛本之下有所字○按注有所字

使其臣聘使大聘小聘　侯通解要義楊氏同毛下使字作

止於次中　止要義作至次陳閩通解俱作其

賓乃出次　次陳閩通解俱作也

上介執圭如重

此謂當將聘於主君廟門外　毛本當下有時字

賓入門皇

鞠躬如也　躬釋文作窮云劉音弓本亦作躬集釋亦作躳張氏曰尒疋云鞠究窮也鞠窮蓋複語自論語作鞠躬學者遂不復致思于其間安知非鞠窮若跛踖之謂者乎如是則劉音亦誤矣從釋文盧文弨云廣雅躹躹謹敬也上邱六下邱弓反與此鞠窮字異音義同○按說文躹曲脊也躹即竆之俗體說文無躹古蓋通用窮字左傳宣十二年有山鞠窮乎此借常語爲物名也二字本雙聲今讀左傳者音鞠爲芎則與窮同音史記魯世家躹躹如畏然徐廣訓與廣雅同始以二字音不相同故祇重言躹躳又按羣經音辨云鞠窮容謹也音弓鄭康成說孔子之執圭鞠窮如也今本作躬此說當即本之釋文其曰今本作躬則賈氏時儀禮經注已俱作躬矣

下如授　授陳本作受

今亦然　要義同毛本通解今下有當字

故引之爲證　爲上要義有以字

引孔子之執圭者　要義同毛本無引字

授如爭承

謂就東楹授玉於主君時　陳閩同毛本授作受

如與人爭承取物　毛本通解承作接

下階

至此云舉足　徐本集釋俱無至字通解有按疏有至字無云字

則志趨卷遯而行也　徐本同毛本遯作豚釋文亦然張氏從之

則志趨卷遯而行也者　毛本要義遯作豚

及門

容色復故　容陳本作㝐

此謂聘訖　要義同毛本訖作畢

執圭入門鞠躬焉　魏氏曰溫本作鞠窮焉○按以躬爲窮與釋文合考鞠躬字經注凡三見釋文於前注作音不云下同蓋偶遺之實皆作窮耳

亦謂將聘執圭入廟門時　要義同毛本將作方

及享

發舍氣也　徐本同毛本發下有氣字

私覿愉愉焉　愉愉釋文作俞俞

出如舒鴈

又舒緩於愉愉也　舒陳本作紓

賓之幣

其貨獻珍異　貨陳本作貢

多貨則傷于德

傷敗其爲德　徐本集釋俱無敗字與疏不合通解楊氏毛本俱有

對金玉是自然之物也　要義無是字

幣美則沒禮

忠信而無禮何傳乎　毛本何傳作可傳魏作何傳按檀弓注原文作何傳釋文云傳直專反本亦作傳音附

云愛之　愛要義俱作愛與注合下同毛本作受

此亦微取彼文　毛本取彼作攺

賄在聘于賄

禮玉束帛乘皮　毛本作禮用玉帛乘皮要義作禮用束帛乘皮

凡執玉

據絢組尺纁藉而言　毛本尺字在據字下

醴尊于東箱　毛本箱作廂唐石經徐陳集釋俱作箱○按上經宰夫實觶以醴疏引作箱是正字廂是俗字

旣覲

皆云君命致之　云要義作以

擯者東面

於賓北舉幣　毛本北下有坐字陳閩通解坐上俱有東面二字

擯者與賓敵並受 毛本通解楊氏俱無並受二字

故云自後右客也 毛本云作亦無客字

賓固辭公荅再拜 再唐石經作再誤

注固亦衍字 陳本同毛本作注拜受至衍字○按毛本是

若君不見

君有疾 疾陳閩俱誤作宮葛本作病

自下聽命自西階升受 階唐石經作門誤

自左南面受圭 左閩本作下

不禮

辟正主也古文禮作醴 下五字諸本俱脫嚴本集釋通解敖氏俱有敖氏古誤作今

幣之所及

是下大夫未嘗使者也 陳本無下字閩本擠入

賜饔

故云士介四人 陳監同毛本故作後

僕爲祝

諸侯不使人攝 要義毛本不作亦許宗彥云疏意始終謂諸侯亦攝雖引覲禮而後申之以大小祝俱不行是其意謂覲禮釋幣之祝亦是使人攝之者

聘日致饔 日唐石經作自誤

急歸大禮 此注毛本俱脫徐本集釋通解楊氏俱有補鏜云四字脫從周禮外饔司儀掌客諸疏按○按前賓迎再拜節亦引此注又按此經通解三見一在歸饔餼章一在問卿章一在夫人歸禮章前一條有注後兩條

無注按者止據後兩條遂逸其注

既致饔

乘禽乘行之禽也　嚴本集釋敖氏同毛本上禽字作謂

饔食燕獻無日數　要義同毛本獻作饗○按作獻與下文注與疏並合

王稍所給賓客者　要義同毛本王作主○按周禮槀人注正作王

乘禽日五雙　要義同毛本五作伍○按聘義作五

云鴈鶩之屬者案爾雅二足而羽　十三字盧文弨移置下文則一雙也下刪一羽字按疏意欲出二足釋雙字之義故引尔疋而截出之不必如盧所云要義毛本俱同

凡獻

其受之也上介受以告之　徐本集釋楊敖同毛本通解也作止下之字敖在以字上

各以其爵朝服

此句似非其次宜在凡致禮下絕爛在此　毛本通解俱脫似非其次絕爛在此八字徐本集釋敖氏俱有與此本標目合

注此句至在此　毛本在此作禮下

士無饔〇無擯　擯唐石經徐陳閩葛集釋通解楊敖俱作擯毛本作儐李氏曰當爲儐

大夫不敢辭

此句亦非其次宜在明日問大夫之下　毛本脫亦非其次四字徐本集釋俱有通解作此宜在明日問大夫下

凡致禮

案上經賓壹食壹饗　要義同毛本壹作一

亦實於簭者要義同毛本簭下有筐字魏氏曰溫本簭下有筐字○按下文兩言豆實實于簭則無筐是也注內筐字恐係衍文經不言籩實不必有筐字

明此饗之豆實要義同毛本無饗字○按有饗字是也

晉侯享之以加籩浦鏜云有誤以

得貺不過三獻得貺要義作云云小字旁書

今豆有加要義同毛本豆作臣

無饔者

故鄭以無饗禮解之以下要義有士介二字

凡餼大夫

衆介米八筐八聶氏作六○按六字與上經合

凡賓拜於朝

則知唯米禀芻薪等不拜也　通解要義同毛本無等字

燕則上介爲賓

以阼階西近主爲位　西陳本作間

對戶牖南面爲大敬　陳本無牖字閩本牖字擠入

曰子以君命在寡君　曰上集釋通解俱有辭字

又拜送　此節經注唐石經徐本集釋俱在君貺寡君節下敖本同毛本

自拜聘享至此亦非其次宜承上君館之下　徐本集釋俱如是毛本脫九字通解祇有下七字

賓於館主人不拜　毛本主誤作王

若賓敬主宜致　賓敬陳本作不拜

大夫來使

此無罪饗之　陳本同毛本饗作享

過則餼之

腥致其牢禮也　徐陳通解楊氏同毛本集釋腥作生

主君　毛本君下有不親饗食所以愧厲之也十字要義君有云云二字按既無下十字則主君下必加云云二字文義方足當從要義

云不言罪者罪將執之者　毛本無者罪二字要義無云字有者罪二字按上既有云云二字故此句之首不加云字凡疏例述注亦有無云字者

其介爲介

則是從賓爲介得介則饗毛本無得介則饗四字介下有之外二字通解楊氏同

有大客後至

卑不與尊者齊禮徐本集釋通解同毛本楊氏無者字

則無君朝之事要義同毛本則作而

十斗曰斛

今文籔爲逾徐陳集釋通解敖氏同毛本文作八

四秉曰筥

若今萊陽之閒陽通解楊敖俱作易釋文宋本亦作易今本作易按萊易二地名故云之閒或譌作易遂譌作陽

十筥曰稯

古文稷作緵 緵閩本作稷釋文通解俱作緵

儀禮注疏卷二十四挍勘記終

奉新余成教挍

儀禮疏卷第二十五　儀禮卷第九

唐朝散大夫行大學博士弘文館學士臣賈公彥等撰

公食大夫禮第九

疏　公食大夫禮第九○鄭目錄云主國君以禮食小聘大夫之禮於五禮屬嘉禮大戴第十五小戴第十六別錄第九○釋曰鄭知是小聘大夫者案下文云宰夫自東方薦豆六於醬東設黍稷六簋又設庶羞十六豆此等皆是下大夫小聘之禮下乃別云上大夫八豆八簋又云上大夫庶羞十六豆是食上大夫之法故知此篇據小聘大夫也若然聘禮據侯伯之大聘此篇據小聘大夫者周公設經互見爲義案篇末云魚腸胃倫膚若九若十有一下大夫則若七若九鄭注云此以命數爲差九謂再命者十一謂三命者七謂一命者九或上或下者再命謂小國之卿次國之大夫也卿則曰上大夫則曰下大國之孤視子男以此言之魚腸胃倫膚皆七者謂子男小聘之大夫此公食序在聘禮之下是因聘而食之不言食賓與上介直云大夫者若云食賓與上介則小聘使下大夫上介乃是士是以直云大夫兼得大夫聘賓與上介亦兼小聘之賓若然聘禮據大聘因見小聘此公食先見小

聘後言大聘者欲見大聘小聘或先或後不常之義

儀禮　鄭氏注

公食大夫之禮使大夫戒各以其爵戒猶告也告之必使同班敵者易以相親敬疏公食至其爵○注戒猶至親敬○釋曰自此盡如聘論主君使大夫就館戒聘客使來行食禮之事云各以其爵者此篇雖據子男大夫為正兼見五等諸侯大聘使卿之事故云各以其爵也上介出請入告問所以來事疏上介出請入告○注問所以來事○釋曰據大夫就賓館之門外賓使上介出請大夫所為來之事三辭為既先受賜不敢當疏三辭○注為既至敢當○釋曰既先受賜者謂聘日致饔受賜大禮故今辭食不敢當之但受饔之時禮辭而已至於饗食皆當三辭賓出拜辱拜使者屈辱來迎已大夫不荅拜將命不荅拜為人使也將猶致也賓再拜稽首受命大夫還復於君賓不拜送遂從之不拜送者為從之不終事疏賓不至從之○注不拜至終事○釋曰案鄉飲酒主人拜送賓不荅拜云

禮有終此賓不拜送爲從之不終事故賓不拜送也若然鄉飲酒鄉射戒賓遂從之而云拜辱拜送者以其主人先反不相隨故得拜辱拜送覲禮使者勞賓於門外侯氏再拜遂送之使者既不先反猶拜送者尊天子使故也

賓朝服即位于大門外如聘於是朝服則初時玄端如聘亦入于次俟

疏賓朝服至如聘○注於是至次俟○釋曰云大門外如聘者則賓主設擯介以相待如聘時云於是朝服則初時玄端者初時謂賓發館時服玄端若鄉射主人朝服乃速賓鄭注云射賓輕也戒時玄端以此言之亦賓在館拜所戒大夫即玄端賓遂從大夫至君大門外入次乃去玄端著朝服出次即位也云如聘亦入於次俟者案聘禮賓皮弁聘至于朝賓入于次注云入于次者俟辦則此入次亦俟主人辦也若然聘禮重賓發館即皮弁此食禮輕及大門乃朝服

即位具主人也擯者俟君於大門外卿大夫士序及宰夫具其饌物皆於廟門之外

疏即位具○注主人至之外○釋曰云擯者俟君於大門外者解即位之事云卿大夫士序及宰夫具其饌物皆於廟門之外者以其君迎賓入始言卿大夫以下廟內之位則知此具饌物時皆在廟門外也故鄭下文注云自卿大夫至此不先即位從君而入者明助君饗食

賓自無事故不在大門內是其義也

羹定肉謂之羹定猶孰也著之者下以爲節疏羹定○注肉謂至爲節○釋曰云肉謂之羹者爾雅文云著之者下以爲節者羹定與下文陳鼎之節爲目也

甸人陳鼎七當門南面西上設扃鼏鼏若束若編七鼎一大牢也甸人冢宰之屬兼亨人者南面西上以其爲賓統於外也扃鼏扛所以舉之者也凡鼎鼏蓋以茅爲之長則束本短則編其中央今文扃作鉉古文鼏皆作密疏甸人至若編○注七鼎至作密○釋曰云七鼎一大牢也者案聘禮致飧與饔餼皆九鼎此亦一大牢而七鼎者此食禮輕無鮮魚鮮腊與聘禮腥一牢鼎七同也云甸人冢宰之屬兼亨人者案天官有甸師氏兼有亨人皆屬冢宰彼天子禮諸侯比天子爲兼官故甸人兼亨人也必使甸人陳鼎兼亨人者案亨人職云掌共鼎鑊又案甸師職云掌師其徒以薪蒸役外內饔之事故使甸大兼亨人陳鼎若然案少牢羹定饔人陳鼎者以其無甸人宰故饔人陳鼎也既夕士禮云甸人抗重又云甸人築坅坎以士無臣使屬吏攝甸人之事非謂置此官也云凡鼎鼏蓋以茅爲之者詁文多言鼎鼏皆不言所用之物此經雖言若束若編亦不指所用之體故鄭云蓋以疑

之然必知用茅者詩曰白茅苞之尚書孔傳云苴以白茅茅是絜白之物故疑用茅也

設洗如饗

必如饗者先饗後食如其近者也饗禮亡燕禮則設洗於阼階東南古文饗或作鄉

【疏】設洗如饗○注必如至作鄉○釋曰云必如饗者先饗後食如其近者也鄭據此文行食禮而云如饗明先饗設洗訖乃後食故鄉前如之是先饗後食也案聘禮云公於賓壹食再饗則食在饗前矣不言如燕禮者饗食在廟燕在寢則是饗食重先行之故二者自相先後是以不得用燕禮決之也引燕禮者欲見設洗之法燕與饗食同故無饗禮引燕禮而言也

小臣具槃匜在東堂下

為公盥也公尊不就洗小臣於小賓客饗食掌正君服位

【疏】小臣至堂下○注為公至服位○釋曰知此為公盥者案特牲尸尊不就洗盥用槃匜故知此所設槃匜亦為公盥不就洗也云小臣於小賓客饗食掌正君位者按夏官小臣職云小祭祀賓客饗食如大僕之法此諸侯之聘客饗食故亦小臣掌之也

宰夫設筵加席几

設筵於戶西南面而左几公不賓至授几者親設湆醬可以畧此

【疏】宰夫至席几○注設筵至畧此○釋曰云設筵於戶西南面而左几者以其賓在戶牖之閒南面又生人左几

異於神右几故也云公不賓至授几者親設湇醤可以畧此者決聘禮禮賓時公親授几者以無設湇醤之事故也故下記云不授几鄭云異於醴也

無尊主於食不獻酬**飲酒漿飲俟于東房**飲酒清酒也漿飲酨漿也其俟奠於豐上也飲酒先言飲明非獻酬之酒也漿飲先言漿別於六飲也

疏飲酒至東房○注飲酒至飲也○釋曰云飲酒清酒也者按周禮酒正注先鄭云清酒祭祀之酒後鄭從之則此賓客用之者優賓故也云漿飲酨漿也者酨之言載以其汁滓相載故云酨漢法有此名故也云其俟奠於豐上也者下云飲酒實於觶加于豐是也此云奠即彼加也云飲酒先言飲明非獻酬之酒也者以其鄉飲酒燕禮等獻酬酬之酒皆不言飲飲之可知此擬酳口故言飲是異於獻酬酒故也是以酒人云共賓客之禮酒飲酒鄭注云禮酒饗燕之酒不言飲食之酒云飲亦是其義也云漿飲先言漿別於六飲也者按漿人云共王六飲水漿醴涼醫酏彼先云六飲後云水漿與此先云漿不同故云先云漿別於六飲必別於六飲者彼六飲爲渴而飲此漿爲酳口不爲渴故異之

凡宰夫之具饌于東房凡非一也飲食之具宰夫所掌也酒漿不在几中者雖無尊猶嫌在堂

疏

凡宰至東房○注凡非至在堂○釋曰云酒漿不在凡中者雖無尊猶嫌在堂者以其酒漿常在堂若不特言之則凡中不含之言○謂酒漿仍在堂故上特言之

公如賓服迎賓于大門内 不出大門降於國君

疏 公如至門内○注不出至國君○釋曰自此盡階上北面再拜稽首論主君迎賓入拜至之事云不出大門降於國君者按周禮司儀云將幣交擯三辭車逆拜辱賓車進荅拜又云致饔餼饗食皆如將幣之儀是國君來則出迎也

大夫納賓 大夫謂上擯也納賓以公命

公入門左公再拜賓辟再拜稽首 左西方賓位也辟逡遁不敢當君拜也

公揖入賓從 揖入道之

及廟門公揖入 廟禰廟也

疏 及廟門公揖入○注廟禰廟也○釋曰儀禮之内單言廟者皆據禰廟是以昬禮納采云至于廟記云凡行事必用昬昕受諸禰廟以此而言則言廟皆禰廟也若非禰廟則言廟祧若聘禮云不腆先君之祧問卿云受于祖廟之類是也但受聘在祖廟食饗在禰燕輕於食饗又在寢是其差次也

賓入三揖 每曲揖及當碑揖相人偶

至于階三讓

讓先升（疏）至于階三讓○釋曰按曲禮云客若降等則就主人之階主人固辭然後客復就西階此亦降等初即就西階者此君與客食禮禮之正彼謂大夫士以小小燕食之禮故與此不同也

公升二等賓升遠下人君（疏）公升二等賓升○注遠下人君○釋曰言遠下人君者亦取君行一臣行二之義也

大夫立于東夾南西面北上東夾南東西節也取節於夾明東於堂（疏）大夫至北上○注東夾至於堂○釋曰此謂主國卿大夫立位云取節於夾明東於堂者序已西為正堂序東有夾室今大夫立于夾室之南是東于堂也

士立于門東北面西上統於門者非其正位辟賓在此（疏）士立至西上○注統於至在此○釋曰案燕禮大射士在西方東西北上不統於門又在門東北面宜東統於君今在門東西上統於門者以賓在門西辟賓在此非正位故也

小臣東堂下南面西上宰東夾北西面南上宰宰夫之屬也古文無南上（疏）小臣至南上○注宰宰至南上○釋曰云宰東夾北西面南上者謂在北堂之南與夾室相當故云夾北也云宰宰夫之

屬也者以經云南上則非止一人但宰官之內有宰夫之等是以下有宰夫之官皆於此立可知故云之屬也若然宰尊官。在小臣之下者以其小臣位在北堂南故先見之非謂尊卑先後爲次也

內官之士在宰東北西面南上夫人之官內宰之屬也自卿大夫至此不先即位從君而入者明助君饗食賓自無事

疏內官至南上。注夫人至無事。釋曰云夫人之官內宰之屬也者經云內官按周禮天官內宰下大夫掌王后已下彼天子內官諸侯未必有內宰以其言內官之士以士爲之明當天子內宰故舉內宰況之也云自卿大夫至此不先即位從君而入者明助君饗食賓自無事者按前聘時君迎客于大門內時卿大夫已下入廟即位者受聘事重非饗食之事故先入廟即位此已下雖有宰及宰夫者皆有事及大夫二牲士庶羞之等皆助君食賓非己之事故後入也

介門西北面西上西上自統於賓也然則承擯以下立於士西少進東上

疏介門至西上。注西上至東上。釋曰云然則承擯以下立于士西少進東上者以其介統於賓而西上則擯統於君而東上可知承擯以下既是有事之人承擯是大夫又尊於士故知少進東上不言上擯者上擯有事其位不定

故不言公當楣北鄉至再拜賓降也公再拜楣謂之梁至再拜者興禮俟賓嘉其來也公再拜賓降矣疏公當至再拜○注楣謂至降矣○釋曰自此盡稽首論公拜至賓答拜之事云公再拜賓降矣者釋經賓降在至再拜下公再拜上以其至再拜者公已一拜賓即降下公再拜者賓降後又一拜雖一拜本當再拜故皆以再拜言之猶下侑幣之時公一拜賓降公再拜注云賓不敢俟成拜也若然鄭云公再拜賓降矣者解經至再拜者賓降也賓西階東北面荅拜西階東少就主君敬也擯者辭辭拜於下拜也公降一等辭曰寡君從子雖將拜興也賓降再拜公降擯者釋辭矣賓猶降終其再拜稽首興起也疏賓西至荅拜○釋曰自此盡稽首論賓降荅拜之事此云荅拜下云拜也並據公未降之前賓爲一拜以其賓始一拜之間公降一等故間在一辭之中是以鄭云賓降再拜釋經北面拜荅及拜也云公降擯者釋辭矣者解經辭曰寡君從子雖將拜興也鄭注云賓猶降終其再拜稽首者按下文賓栗階升不拜升既不拜畧於下雖辭賓猶終降再拜稽首也若

然擯者辭拜於下之時其位在下故下記云卿擯由下注云不升堂是也按下文云擯者退負東塾而立注云無事又云擯者進相幣然則擯者有事則進無事則退故負東塾也

賓栗階升不拜自以已拜也栗蹙也不拾級連步趨主國君之命不拾級而下曰辵

疏賓栗階升不拜○注自以至曰辵○釋曰云自以已拜也者於堂下終爲再拜稽首故於堂上不拜也云栗蹙栗也者謂疾之意也云不拾級連步者曲禮云拾級聚足連步以上鄭注云拾當爲涉聲之誤也級等也涉等聚足謂前足躡一等後足從之併此涉級也連步鄭云重蹉跌也連步謂足相隨不相過也其連步據足而言涉級據階而說其實一也此等尋常升法此栗階據趨君命而上按燕禮記云凡君所辭皆栗階注云栗蹙也謂越等急趨君命也又曰凡栗階不過二等注云其始升猶聚足連步越二等左右足各一發而升堂是栗階之法也云不拾級而下曰辵者凡升降有四種云辵者君臣急諫諍則越三等爲辵階越一等爲歷階又有連步又有栗階爲四等也義已具於燕禮記疏也

命之成拜階上北面再拜稽首賓降拜主君辭之賓雖終拜於主君之意猶爲不成

疏命之至稽首○注賓降至不成○釋

曰按論語孔子云拜下禮也今拜乎上泰也是以上文主君雖辭賓猶終拜於下盡臣之禮爲成拜主君之意猶以爲不成故命之升成拜賓遂主君之意故升更拜也

士舉鼎去冪于外次入陳鼎于碑南。面西上右人抽扃坐奠于鼎西南順出自鼎西左人待載入由東出由西明爲賓也今文奠爲委古文待爲持

疏士舉。至待載○注入由至爲持○釋曰自此盡逆退復位論鼎入巳載之事云去冪於外次入者次入謂序入也故少牢云序入去冪於外者以其入當載於俎故去之也士喪士。虞。皆入乃去冪者喪禮變于吉故也

雍人以俎入陳于鼎南旅人南面加匕于鼎退旅人雍人之屬旅食者也雍人言入旅人言退文互相備也出入之由亦如舉鼎者匕俎每器一人諸侯官多也

疏至鼎退○注旅人至多也○釋曰云旅人雍人之屬者即燕禮云尊士旅食于門西兩圜壺鄭云士旅食者所謂庶人在官者也引王制解之者是也云雍人言入旅人言退文互相備也者雍人言入亦退旅人言退亦入皆入而退去故云文互相

備也云每器一人諸侯官多也者按少牢云鼎序入雍正執一匕以從雍府執四匕以從司士合執二俎以從司士贊者二人皆合執二俎以相從是大夫官少故每人兼執也若然特牲云贊者執俎及匕從鼎入士虞亦云匕俎從士昏禮亦云匕俎從設彼注云執匕者執俎者從鼎而入設之不言并合者士官彌少并合可知不言者文不具或可。士禮又異於大夫執鼎人兼執匕俎故士喪禮小斂大斂奠舉鼎者兼執俎也若依前釋則士喪禮器威儀故也

大夫長盥洗東南西面北上序進盥退者與進者交于前卒盥序進南面匕。 長以長幼也序猶更也前洗南

疏 大夫至面匕○注長以至洗南○釋曰云進盥退者與進者交于前鄭云前謂洗南但言前不云北鄉飲酒鄉射賓盥北面則此大夫亦皆北面可知云長以長幼也者若燕禮云命長之類皆據長幼為長不謂衆中之長者也

載者西面 載者左人亦序自鼎東西面於其前大夫匕則載之

疏 載者西面○注載者至載之○釋曰前云左人待載其時鼎東南面今大夫鼎北面南匕之左人當載故序自鼎東西面於其前矣俎正當鼎南則載者在鼎南稍東也

魚

腊飪飪孰也食禮宜孰饗有腥者

疏曰魚腊飪○注飪孰至宜孰○釋曰上文直云羹定肉謂之羹恐魚腊不在羹定之中故此特著魚腊飪也以食禮尚孰故皆飪也○注饗有腥者○釋曰樂記云大饗而俎腥魚鄭注云以腥魚為俎實不臑孰之是饗禮有腥也又宣公十六年冬晉侯使士會平王室定王享之原襄公相禮殽烝武子私問其故王聞之召武子曰季氏而弗聞乎王享有體薦宴有折俎公當享卿當宴王室之禮也又國語云禘郊之事則有全烝王公立飫則有房烝親戚宴饗則有殽烝以此觀之則饗有腥以饗禮用體薦體薦則腥矣故禮記云腥其俎謂豚解而腥之豚解者皆腥也

載體進奏體謂牲與腊也奏謂皮膚之理也進其理本在前下大夫體七个

疏載體進奏○注體謂至七个○釋曰三牲與腊皆載體直言體不辨體形及數以下魚腸胃倫膚皆言七則此亦七體故鄭云下大夫體七个若然七个此不言體形按士虞記云升左肩臂臑肫骼脊脅七體彼喪禮用左又按鄉飲酒鄉射記皆云右胖進腠則此亦用右胖肩臑臂肫骼脊脅可知既用右胖則左胖為庶羞其庶羞者此下大夫十六豆上大夫二十豆是也若致飧及歸饔餼腥鼎皆無庶羞鄉飲酒鄉射燕禮大射雖同用狗一牲以其亨亨亦皆有庶

羞也云奏謂皮膚之理進其理本在前者此謂生人食法故進本本謂近上者若祭祀則進末故少牢云進下鄭云變於食生是也**魚七縮俎寢右**右首也寢右進鬐也乾魚近腴多骨鯁**疏**魚七縮俎寢右〇注右首至骨鯁〇釋曰云縮俎者於人爲橫縮縱也魚在俎爲縱於人亦橫云寢右鄭云右首也寢右進鬐也賓在戶牖之閒南面俎則東西陳之魚在俎首在右腹腴鄉南鬐脊也進脊在北鄉賓必以脊鄉賓者鄭云乾魚近腴多骨鯁故不欲以腴鄉賓取脊少骨鯁者鄉賓優賓故也若祭祀則進腴以鬼神尚氣腴者氣之所聚故少牢進腴是也**腸胃七同俎**以其同類也不異其牛羊腴賤也此俎實凡二十八**疏**腸胃七同俎〇注以其至十八〇釋曰云以其同類也者釋經同俎以其牛羊同是畜類也云不異其牛羊腴賤也者以牲體則異俎及此腸胃即同俎以其腹腴賤故畧之同俎也云此俎實二十八者牛羊各有腸胃腸胃各七四七二十八也但此腸胃與牲或同鼎同俎或別鼎別俎何者據此下文七鼎腸胃與牲別鼎別俎是其正法取其鼎俎奇也少牢五俎腸胃與牲同鼎者以其有鮮獸若腸胃別鼎則六不得奇故并腸胃與牲同鼎有司徹亦然此腸胃七者以其與牲體別鼎故取數於牲亦七少

牢并腸胃於牲鼎故云腸三胃三取數於脊脅各三也賓尸禮殺於正祭故腸胃各一既夕盛葬奠故腸胃五也

倫膚七倫理也謂精理滑脃者今文倫或作論

疏倫膚七○釋曰倫膚謂豕之皮革爲之但此公食大夫爲賓用爲美故膚與腸胃皆別鼎俎特牲腥有三鼎魚腊不同鼎故膚從牲同鼎有司徹雖同少牢亦止三鼎而已羊豕魚皆一鼎故膚還從於牲鼎也又此膚與牲體之數亦七而少牢膚九者此食禮故膚從體數少牢大夫之祭膚出下牲故取數於牲之體而九也

腸胃膚皆橫諸俎垂之順其在牲之性也腸胃垂及俎拒

疏腸胃至垂之○注順其至俎拒○釋曰腸胃得在牲而垂膚亦言順牲之性者從多而言云垂及俎拒者少牢云腸三胃三垂及俎拒是也

大夫既匕匕奠于鼎逆退復位事畢宜由便也士匕載者又待設俎

疏大夫至復位○注事畢至設俎○釋曰士匕載者又待設俎者以上文云士舉鼎又云左人待載下文云士設俎于豆南是載者又待設俎可知也

公降盥將設醬

疏公降盥○注將設醬○釋曰自此盡各卻于其西論公與宰夫爲賓設正饌之事云將設醬者下云公設之是以盥于也

賓降公辭辭其從己卒盥公壹揖壹讓公升賓升揖讓皆壹殺於初古文壹皆作一宰夫自東房授醯醬授授公也醯醬以醯和醬

疏宰夫至醯醬○注授授至和醬○釋曰按記云蒲筵常長丈六尺於堂上戶牖之間南面設之乃設正饌於中席已東自中席已西設庶羞也云醯醬以醯和醬者按歸饔餼醯醢別知此醯醬不別而以醯和醬者此經所陳物異者皆別器此醯醬下但言醬不別言醯明以醯和醬可知祭祀無此法以生人尚褻味故有之

公設之以其為饌本賓辭北面坐遷而東遷所東遷所奠之東側其故處

疏賓辭至遷所○注東遷至故處○釋曰云東遷所者謂以西為上君設當席中故東遷之辟君設處側近也近其故處

公立于序內西鄉不立阼階上示親饌

疏公立至西鄉○注不立至親饌○釋曰云不立阼階上示親饌者以其君之行事皆在阼階上今近阼北者以其設饌在戶西近北今君亦近北是亦親監饌故也

賓立于階西疑立不立階上以主君離阼也疑正立也自定之貌今文曰西階

宰夫自東房薦豆六設于醬東西上韭菹以東醓醢昌本昌本南麋臡以西菁菹鹿臡醓醢醓有醢昌本昌蒲本菹也醢有骨謂之臡菁蕪菁菹也今文臡皆作麋

（疏）宰夫至鹿臡○注醓醢至作麋○釋曰云醓醢醢有醢者按周禮醢人云朝事之豆韭菹醓醢已下依此爲次彼注云醓肉汁也則此醓醢是肉之汁昌本者彼注云昌蒲根又按彼注齏菹之稱菜肉通又云細切爲齏全物若牒爲菹又按彼經爲菹者經言菹不言齏菹者即是齏也彼言昌本亦即齏也此注云菹者齏菹麤細爲異通而言之齏亦得爲菹故云菹也云醢有骨者謂爲臡案爾雅釋器云肉爲之醢有骨者謂之臡又鄭司農云有骨爲臡無骨爲醢也云菁蕪菁菹也者即今之蔓菁也

士設俎于豆南西上牛羊豕魚在牛西腊腸胃亞之亞次也不言縟錯俎尊

（疏）士設俎至亞之○注亞次至俎尊○釋曰云不言縟錯俎尊者上設豆縟陳之下設黍稷錯陳之此設俎不縟不錯者但尊故也

膚以爲特直豕與腸胃東也特膚者出下

牲賤疏膚以爲特○注直豕至牲賤○釋曰云出下牲賤者以豕在牛羊之下賤膚豕之所出故云出下牲賤特之於俎東也

旅人取匕甸人舉鼎順出奠于其所以其空也其所謂當門疏旅人至其所○釋曰前旅人以匕入加於鼎退出今還使之取匕前士舉鼎入今不使士舉鼎出者以其士載訖遂設俎於賓前事未畢故甸人舉鼎而出也

宰夫設黍稷六簋于俎西二以並東北上黍當牛俎其西稷錯以終南陳並併也今文曰併古文簋皆作軌

大羹湆不和實于鐙宰右執鐙左執蓋由門入升自阼階盡階不升堂授公以蓋降出入反位大羹湆煑肉汁也大古之羹不和無鹽菜瓦豆謂之鐙宰謂大宰宰夫之長也有蓋者饌自外入爲風塵今文湆爲汁又曰入門自阼階無升疏大羹至反位○注大羹至無升○釋曰云以蓋降出入反位者宰位在東夾北西面南上今以蓋降出送於門外乃更入門反

於東夾北位也云大羹湆煑肉汁也大古之羹者謂是大古五帝之羹云不和無鹽菜也大古質故不和以鹽菜對鉶羹調之以鹽菜者也云瓦豆謂之鐙詩云于豆于登毛亦云木曰豆瓦曰登云宰謂大宰宰夫之長者以單言宰諸侯三卿無大宰以司徒兼大宰大宰之下有宰夫故云宰夫之長也

公設之于醬西賓辭坐遷之亦東遷所疏公設至遷之○注亦東遷所○釋曰言亦者亦前醬東遷所以醬既東遷所今於醬西遷之明亦東遷所移之故醬處也

宰夫設鉶四于豆西東上牛以西羊羊南豕豕以東牛鉶菜和羹之器疏宰夫至東牛○注鉶菜和羹之器○釋曰云鉶菜和羹之器者下記云牛藿羊苦豕薇是菜和羹以鉶盛此羹故云之器也據羹在鉶言之謂之鉶羹據器言之謂之鉶鼎正鼎之後設之謂之陪鼎據入庶羞言之謂之羞鼎其實一也

飲酒實于觶加于豐豐所以承觶者也如豆而卑

宰夫右執觶左執豐進設于豆東食有酒者優賓也設于豆東不舉也燕禮記曰凡奠者於左疏宰夫至豆

東○注食有至於左○釋曰云食有酒者優賓也者按下文宰夫執漿飲賓與受唯用漿酳口不用酒今主人猶設之是優賓引燕禮者彼據酒主人奠於薦左賓不飲取奠於薦右此酒不用故亦奠於豆東酒義雖異不舉是同故引爲證也按燕禮無此文鄉飲酒鄉射記皆云凡奠者於左舉者於右不同之而引燕禮記者此必轉寫者誤鄭本引鄉飲酒鄉射之等也

宰夫東面坐啓簋會各卻于其西會簋蓋也亦一一合卻之各當其簋之西〔疏〕注會簋至之西○釋曰云亦一一合卻之者卻者仰也簋蓋有六兩兩皆相重而仰之謂之卻合故云一一卻合之各當其簋之西爲兩處亦者亦少牢故少牢云佐食啓會蓋二以重設于敦南也

贊者負東房南面告具于公負東房負房戶而立也南面者欲得鄉公與賓也〔疏〕贊者至于公○注負東至賓也○釋曰自此盡醬湆不祭論賓所祭饌之事經直云負東房鄭知負房戶而立者以公在東序內賓在戶西雖告具于公且欲使賓聞之故知於房近西是以鄭云得鄉公與賓也

公再拜揖食再拜拜賓饌具賓降拜答公拜公辭賓升再拜稽

首不言成拜降未拜賓升席坐取韭菹以辯擩于醢上豆之閒祭擩猶染也今文無于贊者東面坐取黍實于左手辯又取稷辯反于右手興以授賓賓祭之取授以右手便也賓亦興受坐祭之於豆祭也獨云贊興優賓也少儀曰受立授立不坐

〔疏〕贊者東面至祭之○注取授至不坐○釋曰此所授者皆謂遠賓者故菹醢及鉶皆不授以其近賓取之易故不言授曲禮云殽之序辯祭之故知雖不授亦祭可知也經直云祭知祭之於豆祭者按少牢云尸取韭菹辯揳于三豆祭于豆閒故知於豆祭也云獨云贊興優賓者欲見賓坐而不興是優賓其實俱興也引少儀者欲見贊興與賓亦興之義以其賓坐贊亦坐故也

三牲之肺不離贊者辯取之壹以授賓肺不離者刌之也不言刌刌則祭肺也此舉肺不離而刌之便賓祭也祭離肺者絕肺祭也壹猶稍也古文壹作一

〔疏〕三牲至授賓○注肺不至作一○釋曰云肺不離者刌之也者按少儀云牛羊之肺離而不提心鄭云提猶絕也刌之不絕中

央少者此即爲食而舉肺也少牢云舉肺一長終肺祭肺三皆切之是祭肺切舉肺不切云不言刌刌則祭肺也者是與祭肺同其實舉肺云祭離肺者絶肺祭也者此鄭解舉肺將祭之時絶末而祭之與祭肺異也凡舉肺有二名一名離肺亦名舉肺祭肺亦名刌肺也

賓興受坐祭於是云賓興受坐祭重牲也賓亦取肺興受祭於豆祭

捝手扱上鉶以柶辯擩之上鉶之閒祭扱以柶扱其鉶菜也捝拭也拭以巾〔疏〕捝手至閒祭○注扱以至以巾○釋曰此云上鉶之閒祭者著其異於餘者餘祭於上豆之閒此鉶別自祭鉶閒云捝拭拭也拭以巾者案內則左佩紛帨帨即佩巾而云捝拭拭手以巾似帨不名巾者本名帨者以拭手爲名其實名巾故鄭舉其實稱也此有四鉶而云扱上鉶辯擩則唯有一柶優賓故用一柶而已少牢二鉶祭神故宜各有柶也

祭飲酒於上豆之閒魚腊醬湆不祭不祭者非食物之盛者〔疏〕祭飲至不祭○注不祭至盛者○釋曰此不祭者以正在饌之內以其有三牲之體魚腊湆醬非盛者故不祭也若入庶羞則祭之故下文云土羞庶羞皆有大又云辯取庶羞之大與一以授賓賓受兼壹

祭之少儀云祭膴膴訪爲大魚肉之臠是亦祭之

宰夫授公飯粱公設之于湆西賓北面辭坐遷之既告具矣而又設此殷勤之加也遷之遷而西之以其東上也〔疏〕宰夫至遷之○注既告至上也○釋曰自此盡降出論設加饌粱與庶羞之事云遷之遷而西之以其東上也知粱東上者下文宰夫膳稻于粱西是以粱在東爲上也

公與賓皆復初位位序內階西〔疏〕公與賓皆復初位○注位序內階西○釋曰按上公設醬時立于序內賓立於階西此云公與賓復初位故知公還在序內賓還在階西也

宰夫膳稻于粱西膳猶進也進稻粱者以簠〔疏〕宰夫至粱西○注膳猶至以簠○釋曰知進稻以簠者下記云簠有蓋冪鄭注云稻粱將食乃設去會於房蓋以冪上云設黍稷訖云卻會此稻粱不云卻會者先於房去之故也

士羞庶羞皆有大蓋執豆如宰羞進也庶衆也進衆珍味可進者也大以肥美者特爲臠所以祭也魚或謂之膴膴大也唯醢醬無大如宰如其進大羹湆右執鐙左執蓋〔疏〕士羞至如宰○注羞進至執蓋○釋

曰云皆有大者中有二物三物之肉兼有魚也云魚或謂之膴膴大也者或有司徹云尸俎五魚侑主人皆一魚皆加膴祭于其上是也少儀云膴祭也云唯醢醬無大者鄭注周禮醢人作醢之法先膊乾其肉乃後莝之雜以粱麴及鹽漬以美酒塗置甀中百日則成矣何大臠之有也醬則醢也亦無大臠也

先者反之由門入升自西階庶羞多羞人不足則相授於階上復出取也

疏 先者反之○釋曰反之者以其庶羞十六豆羞人不足故先至者反取之下文云先者一人升設於稻南其人不反則此云先者反之謂第二已下爲先者也

先者一人升設于稻南簋西閒容人簋西黍稷西也必言稻南者明庶羞加不與正豆併也閒容人者賓當從閒往來也

疏 注簋西至往來也○釋曰簋西黍稷西也必言稻南者以其黍稷西近北有稻故庶羞設黍稷西南南陳之是稻粱與庶羞俱是加故南北相繼而在黍稷正饌之西是下不與正豆併也云閒容人者賓當從閒往來也者下文賓左擁簠粱右執湆以降公辭升反奠于其所是賓往來也

旁四列西北上不統於正饌者雖加自是一禮是所謂羹胾中別

疏 旁四列西

北上○注不統至中別○釋曰云所謂羹胾中別者按曲禮云左殽右胾彼云殽骨體也此肉謂之羹亦一也殽爲正饌胾謂切肉則庶羞云左殽右胾則曰此正饌在東庶羞在西閒容人同故謂所謂羹胾中別也膷以東臐膮牛炙膷臐膮今時臛也牛曰膷羊曰臐豕曰膮皆香美之名也古文膷作香臐作薰炙南醢以西牛胾醢牛鮨先設醢綼之以次也內則謂鮨爲膾然則膾用鮨今文鮨作鰭

疏注先設醢綼之以次也○釋曰此云先設醢綼之以次者大凡醢注云以有醢不得綼也與此設設醢綼之以次違者直是綼配胾是其正而醢卑于胾今牛羊豕胾皆在醢下者直是綼之次非尊卑之列特牲以一有醢若綼之當醢在胾上不成錯故不得綼少牢四豆羊胾醢故得綼而錯與此同也鮨南羊炙以東羊胾醢豕炙炙南醢以西豕胾芥醬魚膾芥醬芥實醬也內則曰膾春用蔥秋用芥衆人騰羞者盡階不升堂授以蓋降出騰當作媵媵送也授授先者一人贊者負東房告備于公復告庶羞具者以其

異饌〔疏〕贊者至于公○釋曰自此盡兼壹祭之論贊告饌具賓祭之事

贊升賓以公命命賓升席

〔疏〕贊升賓○注以公命命賓升席○釋曰前設饌訖贊者告具于公公再拜揖食此使贊升賓者以其禮殺故也是以上文正饌公先拜賓荅拜此賓先拜公公荅拜爲異也

賓坐席末取粱即稻祭于醬湆閒即就也祭稻粱不於豆祭祭加宜於加

〔疏〕注即就至於加○釋曰云祭稻粱不於豆祭祭加宜於加者按下文云賓三飯以湆醬注云每飯歠湆以肴擩醬食正饌也三飯而止又云不以湆醬注云不復用正饌也則此湆醬是正饌而云加者但湆醬與粱皆是加故公親設之下文爲正饌而此云加者爲湆醬雖是加以在正饌之上得與正饌爲本故名正饌其實是正饌之加故公親設之也

贊者北面坐奠取庶羞之大興一以授賓賓受兼壹祭之壹壹受之而兼一祭之庶羞輕也自祭之於膷臐之閒以異饌也

〔疏〕贊者至祭之○注壹壹至饌也○釋曰壹壹受之而兼一祭之庶羞輕也者決上三牲之肺祭之今此祭庶羞并之故云輕也云自祭之於膷臐之閒以異饌也者不云

於豆祭而云於膷臐之閒以祭宜於加故也賓降拜拜庶羞疏賓降拜○注拜庶羞○釋曰自此盡魚腊不與論賓正食受侑幣至於食終之事公辭賓升再拜稽首公荅再拜賓北面自閒坐左擁簠粱右執湆以降自閒坐由兩饌之閒也擁抱也必取粱者公所設也以之降者堂尊處欲食於階下然也公辭賓西面坐奠于階西東面對西面坐取之栗階升北面反奠于其所降辭公奠而後對成其意也降辭公敬也必辭公者爲其尊而親臨己食侍食贊者之事疏注奠而至之事○釋曰云成其意者謂成其食降階下之意故奠乃對此決下文大夫相食賓執粱與湆之西序端主人辭賓反之而不與也公許賓升公揖退于箱箱東夾之前俟事之處疏注箱東至之處○釋曰按爾雅有東西廂曰廟其夾皆在序外故也知是俟事之處者正以此文公揖退于廂而俟賓食即待事之處也擯者退負東塾

而立無事賓坐遂卷加席公不辭贊者以告公公聽之重來優賓疏賓坐至不辭。注贊者至優賓。釋曰知云贊者以告公公聽之者公既在序外賓食在戶西若不告公公何以知之明知贊者告公也云重來優賓者若公來則勞賓不來則賓不勞故難重來而不來則優饒賓也賓三飯以湆醬每飯歡湆以肴擩醬食正饌也三飯而止君子食不求飽不言其肴優賓疏賓三飯以湆醬〇注每飯至優賓。釋曰云每飯歡湆以殽擩醬者按曲禮三飯主人延客食胾然後辯殽鄭注云先食胾後食殽殽尊此先食殽者彼鄭云大夫士與客燕食之法其禮食宜放公食大夫禮云若然此為禮食故先食殽。大夫士與客燕食則先食胾故不同又按昏禮同牢云贊爾黍授肺脊皆食以湆醬皆祭舉食舉也注云皆食。黍也以用也用者謂歡湆咂醬而不食殽者此公食賓禮解體折節明食殽可知彼豚解者皆不食故彼不食殽也是以彼又云三飯卒食注同牢示親不主為食起三飯而成禮也故不食殽也但湆言啜淡故也醬言擩醎故也云三飯而止君子食不求飽者解三飯而止故下宰夫進粱是不求飽故引論語學者食不求飽為證也云不言其殽優賓者案特牲少牢尸食時舉殽皆言次第此不言者任賓取之是優賓也宰夫執觶漿飲與其豐以進此進漱也非爲卒食爲將有事緣賓意欲自絜清賓挩手興受受觶宰夫設其豐于稻西酒在東漿在西是所謂左酒右漿〔疏〕宰夫至稻西○注酒在至右漿○釋曰云酒在東漿在西者案上飲酒實于觶宰夫設于豆東是酒在東也云漿在西者即此經設於稻西是也云是所謂左酒右漿者按曲禮云酒漿處右鄭云此言若酒若漿耳兩有之則左酒右漿云兩有者據此公食而言左酒右漿也庭實設乘皮

賓坐祭遂飲奠於豐上飲漱公受宰夫束帛以侑西鄉立束帛十端帛也侑猶勸也主國君以爲食賓殷勤之意未至復發幣以勸之欲用深安賓也西鄉立序內位也受束帛于序端〔疏〕公受至鄉立○注束帛至序端○釋曰云西鄉立序內位也者按上文公設醬公立于序內西鄉此經亦云西鄉立故知亦在序內位也云受束帛于序端者按大射禮公凡受於序端故每云公之所受者皆約之受於序端賓降筵北面以君將有命也北面於階上〔疏〕賓降筵北

面。注以君至階上。釋曰云以君將有命者謂有束帛侑食之命故賓降筵北面於西階上以待主君之命擯者進相幣爲君釋幣辭於賓賓降辭幣升聽命降辭幣主國君又命之升聽命釋許辭【疏】賓降至聽命。注降辭至許辭。釋曰云主國君又命之升知者約聘禮禮賓賓降辭幣公降一等辭栗階升聽命是也降拜當拜受幣公辭賓升再拜稽首受幣當東楹北面主國君南面授之當東楹者欲得君行一臣行二也退西楹西東面立俟主國君送幣也退不負序以將降【疏】退西楹西東面立。注俟主至將降。釋曰按聘禮賓三退負序注云三退三逡遁也不言辟者以執圭將進授之彼皆當楣再拜故賓退負序此亦爲公拜送幣但在楹西耳故賓在階西不負序以將降故也公壹拜賓降也公再拜賓不敢俟成拜介逆出以賓事畢賓北面揖執庭實以出揖執者示親受公降立俟賓反上介受賓幣從者訝受皮從者府史之屬訝迎也今文曰梧受〔疏〕注從者至梧受○釋曰云從者府史之屬知非士介者此子男小聘使大夫士介一人而已介已受賓幣故知訝受者非士介是府史之屬也**賓入門左沒霤北面再拜稽首**便退則食禮未卒不退則嫌更入行拜若欲從此退〔疏〕賓入至稽首○注便退至此退○釋曰云便退則食禮未卒不退則嫌者此鄭探解賓意食禮自有常法三飯之後當受侑幣更入以終食禮故送庭實而後入是以鄭云便退則食禮未卒解經賓入之意云不退則嫌者謂有食食之嫌解再拜稽首將辭之意是以更入行拜若欲從此退者待公設辭留賓之意也**公辭**止其拜使之卒食**揖讓如初升**如初入也**賓再拜稽首公荅再拜**賓拜拜主國君之厚意賓揖介入復位〔疏〕注賓揖介入復位○釋曰上文云介逆出下更云介逆出明知中閒介復入可知但復入之節當此賓入之時也**賓降辭公如初**將復食**賓升公揖退于箱賓卒食會飯三飲**卒已也已食會飯三漱漿也會飯謂黍稷也此食黍稷則初時食稻粱〔疏〕注卒已也至稻

粱○釋曰知會飯是黍稷者見上文云宰夫東面坐啓簋會各卻於其西此云食會飯故知會飯者是黍稷也前賓三飯不云會以其簋盛稻粱以其稻粱無會故鄭云此食黍稷則初時食稻粱矣

不以醬湆不復用正饌也初時食加飯用正饌此食正飯用庶羞互相成也後言湆者湆或時後用【疏】不以醬湆○注不復至後用○釋曰云初時食加飯用正饌此食正飯用庶羞互相成也者按上文賓三飯以湆醬注云每飯歠湆以殽擩醬是正饌稻粱是其加此云卒食會飯三飲不以醬湆鄭意以庶羞黍稷是其正庶羞是其加互相成而已言相成者既非互文直取饌食互相成而已云後言湆者湆或時後用者前文賓三飯以湆醬先言湆後言醬是先用湆此後言湆或容前三飯後用湆也故作文有先後也

捝手興北面坐取粱與醬以降西面坐奠于階西示親徹也不以出者非所當得又以已得侑幣【疏】注示親至侑幣○釋曰云不以出者非所當得又以已得侑幣者云不以出者決士昏禮賓取脯出以授從者彼是已所當得此非直已得侑幣下文有司卷三牲之俎歸于賓館是已所當得鄭不言三牲而言侑幣者據已得者而言之

東面再

拜稽首卒食拜也不北面者異於辭【疏】東面再拜稽首○注卒食至於辭○釋曰云卒食拜也不北面者按上文賓受侑幣出入門左沒霤北面再拜稽首其時辭欲退公留之卒食故決之以其待公留故北面此卒食禮終故東面爲意有異故面位不同是以鄭云不北面者異於辭也公降再拜荅之也不辭之使升堂明禮有終介逆出賓出公逆于大門內再拜賓不顧初來揖讓而退不顧退禮畧也示難進易退之義擯者以賓不顧告公公乃還也【疏】介逆至不顧○注初來至還也○釋曰云擯者以賓不顧告公公乃還也者知擯者告公者按經公送于大門內公不見賓矣而云賓不顧明知擯者告公公還入宴寢也此擯者告賓不顧即論語云賓退必復命曰賓不顧矣但彼據聘享訖此據食禮訖事雖不同復命云賓不顧矣即不異有司卷三牲之俎歸于賓館卷猶收也無遺之辭也三牲之俎正饌尤尊盡以歸賓尊之至歸俎者實于篚它時有所釋故【疏】有司至賓館○注卷猶至釋故○釋曰云歸俎者實于篚者此食禮無無肵俎而言卷三牲之俎不言用俎唯云實于篚按士虞禮亦無肵俎尸

舉牲體皆盛於篚吉凶雖不同無肵俎是一故知同用篚也云它時有所釋故者解三牲之俎言卷案特牲及士虞尸卒食取俎歸於尸三个是有所釋此無所釋故稱卷也彼注云釋猶遺也遺者君子不盡人之歡不竭人之忠也

魚腊不與以三牲之俎無所釋故也禮之有餘爲施惠不言腸胃膚者在魚腊下不與可知也古文與作豫

儀禮疏卷第二十五

大清嘉慶二十五年
用文選樓藏本校

江西督糧道王賡言廣豐縣知縣阿應鱗栞

儀禮注疏卷二十五挍勘記　阮元撰盧宣旬摘録

公食大夫禮第九

此篇據小聘大夫者　通解楊氏篇下俱有據字毛本無

上介出請入告

問所以來事　毛本以下有爲字嚴本集釋要義俱無爲字張氏曰注曰問所以來事按釋文云以爲于爲反今本于以字下脱一爲字從釋文盧文弨云疏云賓使上介出請大夫所爲來之事無以字釋文或本是所爲誤作以爲也

賓朝服

入于次者俟辦　陳本通解要義同毛本辦作辨下同

甸人陳鼎七〇鼏若束若編　鼏聶氏作冪注同

案少牢羹定　毛本牢作宰○按牢字是

甸人築坅坎　陳本同毛本坅作埳○按坅五錦反宜從陳本

詩云白茅苞之　云陳本作臼苞要義作苞毛本作包○按作苞是也

設洗如饗

故鄉前如之　毛本鄉誤作饗

公於賓壹食再饗　要義同毛本壹作一○按聘禮作壹

凡宰夫之具

言謂酒漿仍在堂　浦鏜云言疑嫌字誤

及廟門

問卿云　陳監通解要義同毛本卿作鄉○按卿字是

燕輕於食饗 通解要義同毛本輕作禮○按輕字是

小臣東堂下

宰尊官在小臣之下者 在上陳閩通解俱有反字

內官之士

及大夫二牲 浦鏜云七誤二

公當楣北鄉

賓不敢俟成拜也 通解要義同毛本俟作候○按作俟與後注文合

解經至再拜者賓降也 陳閩要義同毛本也作矣○按者字衍文

賓栗階升 唐石經無賓字集釋按云此承上賓西階東北面答拜不必更言賓當從石經去之○按上有公降一等揖者釋辭則此賓字不宜刪燕禮云有命節疏引亦有賓字石經非也

栗寔栗也嚴本通解同毛本寔作實按寔與述注合

士舉鼎去鼏於外次鼏唐石經嚴本俱作鼏釋文毛本作鼏○入陳鼎于碑南面西上南字唐石經嚴本集釋通解敖氏俱不重徐本楊氏毛本俱重敖氏曰碑下脫一南字

論鼎入已載之事浦鏜云七誤已

云去鼏於外次入者毛本鼏作鼏

士喪士虞皆入乃去鼏者士喪士虞陳本作士喪禮禮字下空一字閩本作士喪禮云

雍人以俎入

皆合執二俎以相從監本通解同毛本從下有入字

或可士禮又異於大夫監本同毛本可作云

大夫長盥洗東南○南面匕瞿中溶云石本原刻南面下有西上二字後磨改刪去

魚腊飪

以饗禮用體薦體薦則腥矣要義同毛本體薦二字不重出

載體進奏

則此亦用右胖肩臑臂肫骼脊脅可知骼閩本作胳

魚七

乾魚近腴近陳閩葛本通解楊氏俱誤作進釋文爲近字作音

腸胃七

既夕盛葬奠通解同毛本葬作陳○按葬是

倫膚七

謂精理滑脃者脃徐陳閩監葛本集釋通解俱作脆釋文毛本嚴本俱作脃按説文脃从肉从絕省作脆非也

釋曰倫膚毛本倫誤作論

亦止三鼎而已陳閩通解要義同毛本亦作一○按亦字是

卒盥

揖讓皆壹徐本集釋通解楊氏同毛本壹作一

公立于序內

是亦親監饌故也毛本通解亦作示

宰夫自東房

謂之鸛毛本之作爲

卽今之蔓菁也　菁陳閩俱作青

士設俎于豆南

不言綍錯　張氏曰釋文云一不綍中無言字從釋文〇按疏有言字

但尊故也　毛本但作俎

膚以爲特

直豕與腸胃東也　也通解作北

宰夫設鉶四于豆西　鉶釋文作鈃

注鉶菜和羹之器　陳閩監本同毛本菜下有至字無和羹字按毛本亦因欲均齊字數而改

宰夫右執觶

引燕禮者　禮下要義有記字

不同之而引燕禮記者　按同字疑誤或是引字

此必轉寫者誤　通解要義同毛本轉作傳者下有之字張淳作傳無之字

宰夫東面坐

簋蓋有六　蓋要義作會

謂之卻合　卻合二字要義倒下同

三牲之肺不離

刌之也　徐本集釋通解同毛本刌作扌寸下竝同

壹猶稍也古文壹作一　古上今本有一圈不知何故通解亦無按此節經注據士冠疏則經當云一以授賓注當云古文一作壹今本與賈說不合當由後人妄改然諸本皆然其誤久矣

刌之　毛本通解刌下有離字

絕末而祭之　通解同毛本末作未

祭飲酒于上豆之閒

以正在籑之內　正在毛本作在正○此本倒

賓受兼壹祭之　通解同毛本壹作一

士羞庶羞

或有司徹云　毛本通解無或字

先者反之

釋曰反之者　此段疏五十五字今本俱誤作注通解載此疏於下節注下

先者一人升

以其黍稷西近北有稻　閩本通解同毛本近作之○按近字是

是稻粱與庶羞俱是加　毛本通解無粱字

而在黍稷正饌之西　監本同毛本而作俱

是下不與正豆併也　浦鏜云誤衍下字

下文賓左擁簠粱　通解同毛本簠作簋○按簋盛黍稷簠盛稻粱下經簠字舊本俱作簠

旁四列

裁謂切肉　通解同毛本謂作爲

炙南醢

肉則謂䏾爲膾　張氏曰注曰肉則謂䏾爲膾按監本毛本肉作肉䏾徐陳俱作會張淳通解楊敖俱作膾

然則膾用䏾　膾徐本作鱠誤集釋上句作鱠此句作膾

衆人騰羞者

授先者一人　一人二字監本誤作經在下節首

贊者負東房

復告庶羞具者　復徐本作隨集釋通解楊敖俱作復

自此盡兼壹祭之　毛本壹作一

賓坐席末

祭稻粱不於豆祭　嚴本楊氏同與述注合毛本於作以陳本重以字

祭加宜於加　加宜二字徐本倒陳本無宜字集釋通解楊氏俱同毛本

而此云加者　毛本此云作云此按此本與要義俱倒

贊者北面坐

壹壹受之　集釋壹壹作一一下兼一作兼壹

決上三牲之脯祭之　盧文弨改脯爲肺

賓北面自閒坐左擁簠粱　左監本誤作右擁誤作擯毛本簠作簋唐石經嚴本集釋通解敖氏俱作簋與前先者一人升節所引合徐本楊氏俱與毛本同石經考文提要曰曲禮執食與辭注引公食禮正作左擁簠粱

賓三飯以湇醬

以肴擩醬　肴徐陳通解楊氏俱作肴下同毛本作殽按殽者相雜錯也俗借爲肴饌字閩葛於此作殽於下不言其殽又作肴可見其無定也後不悉按

主人延客食胾　客陳閩俱作之食毛本作有通解要義俱作食○按作有與曲禮異

大夫士與客燕食　要義同毛本通解大上有彼字按彼字當有

注云皆食黍也　浦鏜云脫一食字

故下宰夫進漿　毛本漿作醬○按漿是也

賓捝手　捝唐石經初从木後改

宰夫設其豐于稻西

云酒在東漿在西者　要義同毛本通解無漿在西三字按無者非

公受宰夫束帛以侑

按大射禮　大閩本作上按射亦當作聘

公凡受於序端　盧文弨改作公受凡於序端按公凡受三字當作一逗言公凡有所受必於序端也鄭疏下文自明

賓降筵北面

北面於階上嚴本敖氏同徐本集釋通解楊氏毛本於下有西字張氏曰疏云西階上從疏

賓降辭幣

栗階升聽命栗陳閩通解俱作東○按東字非也鄭於彼注云栗階趨君命尚疾不連步

退西楹西

三逡遁也毛本遁作巡○按聘禮注作遁

賓降

將復食毛本食誤作入

賓升

已食會飯三漱漿也入字閩本夾行細書

以其稻粱無會要義無以其稻粱四字

不以醬湆

後言湆者湆　嚴本楊氏同毛本無者湆二字

鄭意以庶羞黍稷是其正　要義同毛本無庶羞二字

云後言湆者湆或時後用者　毛本無者湆二字要義刪存云後言湆者五字

挩手興

云不以出者非所當得又以已得侑幣者　下十一字諸本俱脫

東面再拜稽首

入門左沒霤　毛本通解入上有更字

有司卷三牲之俎

它時有所釋故　毛本它作他釋文作它云本又作他

云它時有所釋故者它要義作它與釋文合毛本作他

儀禮注䟽卷二十五挍勘記終

奉新余成教挍

儀禮疏卷第二十六

唐朝散大夫行大學博士弘文館學士臣賈公彦等撰

明日賓朝服拜賜于朝拜食與侑幣皆再拜稽首朝謂大門外疏明日至稽首○注朝謂大門外○釋曰自此盡訝聽之論賓拜謝主君之事云朝謂大門外者以其經云拜賜于朝無賓入之文又聘禮以柩造朝亦無喪入之故皆言朝云云朝謂大門外也若然案閔三年左氏傳云季友將生使卜楚丘之父卜之曰男也其名曰友在公之右間於兩社爲公室輔注兩社周社亳社之間朝廷執政所在但諸侯左宗廟右社稷在大門之內則諸侯外朝不在大門內者但外朝在大門外兩社之間遥繫外朝而言執政所在又此食禮拜侑幣聘禮歸饔餼直言拜饔與餼不拜束帛者彼使人致之故不拜此食禮君親賜不拜之訝聽之受其言入告出報也此下大夫有士訝疏訝聽之○注受其至士訝○釋曰云此下大夫有士訝者此篇是子男使下大夫小聘又案周禮掌訝大夫有士訝故云此下大夫有士訝也上大夫

八豆八簋六鉶九俎魚腊皆一二俎記公食上大夫異於下大夫之數豆加葵菹蝸醢四四爲列俎加鮮魚鮮腊三三爲列無特

疏上大夫至二俎○注記公至無特○釋曰云豆加葵菹蝸醢者案周禮醢人朝事之豆云韭菹醓醢昌本麋臡菁菹鹿臡茆菹麋臡案上文下大夫六豆用鹿臡以下仍有茆菹麋臡在今上大夫八豆不取茆菹麋臡而取饋食之豆葵菹蝸醢者鄭以特牲少牢參之彼二篇俱以饋食爲始皆用周禮饋食之豆特牲兩豆用饋食葵菹蝸醢少牢四豆二豆與特牲同兩豆用朝事之豆韭菹醓醢注云韭菹醓醢朝事之豆也而饋食用之豐大夫禮以此觀之故此公食大夫兼用饋食之豆亦是豐大夫禮也云俎加鮮魚鮮腊者上文下大夫七俎牛羊豕魚腊腸胃與膚此云九俎明加鮮魚鮮腊云無特者陳饌要方上七俎者東西兩行爲六俎一俎在特于俎東此九俎爲三行故無特雖無特膚亦爲下

魚腸胃倫膚若九若十有一下大夫則若七若九此以命數爲差也九謂再命者也十一謂三命者也七謂一命者也九或上或下者再命謂小國之卿次國之大夫也卿則曰上大夫大夫則曰下大國之孤視子男

疏 魚腸至若九○注此以至子男○釋曰云此以命數爲差也者案周禮典命公侯伯之卿三命大夫再命士一命子男之卿再命大夫一命士不命則諸侯之臣分爲三等三命再命一命不命與一命同此經魚腸胃倫膚亦分爲三等有十一有九有七則十一當三命九當再命七當一命若然唯有上下二文者以公侯伯之大夫與子男之卿同再命卿爵尊爲上大夫爵卑爲下則上言若九者子男之卿也下言若九者公侯伯大夫也故鄭云卿則曰上大夫則曰下云大國之孤視子男者欲見此經唯見三命以下案周禮典命大國之孤四命又大行人云大國之孤執皮帛以繼子男又云其他皆視小國之君若然孤與子男同十三侯伯十五上公十七差次可知

庶羞西東毋過四列 謂上下大夫也。古文毋爲無

疏○庶羞至四列○注謂上至爲無○釋曰上文云庶羞旁四列此上大夫饌內言庶羞西東毋過四列則東西橫行上下大夫皆四以爲行下大夫四四十六東西四行南北亦四行上大夫東西四行南北五行矣

上大夫庶羞二十加於下大夫以雉兔鶉鴽 鴽無母

疏 上大至鶉鴽○注鴽無母○釋曰云鴽無母者案爾雅釋鳥云鴽鴾

母郭氏曰鴽也青州人呼曰鴾母莊子曰田鼠化爲鴽淮南子云蝦蟆所化也月令曰田鼠化爲鴽然則鴽鴾一物也

若不親食謂主國君有疾病若它故

疏 若不親食○注謂主至它故○釋曰自此盡聽命論主君不親食使大夫致禮於賓館之事疾病之外別云他故者君有死喪之事故聘禮云主人畢歸禮賓唯饔餼之受謂畢致饗食但賓不受之

使大夫各以其爵朝服以侑幣致之執幣以將命

豆實實于甕陳于楹外二以並北

陳簋實實于筐陳于楹內兩楹閒二以並南

陳陳甕筐於楹閒者象授受於堂中也南北相當以食饌同列耳甕北陳者變於食甕數如豆醢芥醬從焉筐米四今文並作併

疏 豆實至南陳○注陳甕至作併○釋曰云南北相當以食饌同列耳若案上文正食之時黍稷亦南陳今於楹閒陳筐米亦南陳是正食及此饌陳是同列也云甕北陳者變於食者上文正食之時宰夫自東房薦豆六設於醬東西上陳之今於楹閒二以併北陳故云變於食也云甕數如豆者以菹醢各異物不可同甕故甕數如豆上

大夫八豆則八簋下大夫六豆則六簋云醓芥醬從焉者以其三牲不殺生列於門內醓經百日乃成不由不殺故自醓庶羞之醓同是醬類故使之相從但庶羞之醓更無別種宜同一簋芥醬宜亦一簋知有芥醬者以其有生魚故知有也云簋米四者上文上大夫八簋今乃生致之黍稷宜各一簋稻粱又二簋故云簋米四

庶羞陳于碑內

生魚也魚腊從焉上大夫加鮮魚鮮腊雉兔鶉鴽不陳于堂辟正饌

〔疏〕庶羞陳于碑內○注生魚至正饌○釋曰云生魚者上文魚膾是魚之中膾者皆是生魚也案鄭注周禮云燕人膾魚方寸切其腴以啗所貴是也此則全生不膾何者十膾在豆與胾炙俱設今胾炙在牲未殺膾全不破可知若然庶羞之內衆羞俱有鄭獨云生魚者以其胾炙在牲不殺於此無矣雖有乾腊雉兔之等以生魚爲主故云生魚也云魚腊從焉者雖無三牲之肉有乾魚腊可知云上大夫加鮮魚鮮腊雉兔鶉鴽者以其下大夫七鼎無鮮魚鮮腊上大夫九鼎加鮮魚鮮腊雉兔鶉鴽亦生致之矣云不陳于堂辟正饌者以其庶羞本在堂上正饌之西今在碑內故云辟正饌也若然不陳於碑南者以其本合在堂今宜近碑北

庭實陳于碑外

執乘皮者也不參分庭一在南者以言歸宜近內

〔疏〕庭實陳于碑外○注執乘至近內○釋曰執乘皮者不參分庭一在南者以言歸宜近內者庭實正法皆參分庭一在南而陳之故昏禮記云納徵執皮者參分庭一在南今云碑外繼碑而言近北矣彼參分庭一在南陳之者謂在主人之庭參分庭。陳之擬與賓向外故近南此陳於客館擬與賓入內故鄭云以言歸故在內也

牛羊豕陳于門內西方東上爲其踐汙館庭使近外〔疏〕○牛羊至東上○注爲其至近外○釋曰案上庶羞與庭實在碑之內近內陳之此牛羊豕陳於門內繼門言之云爲其踐汙館庭使近外也若然致饔餼牛羊豕亦在此此云使近外者以饔餼有腥有熟故畧其生者近門是其常此既不殺牛羊豕宜近內故決之也

賓朝服以受如受饔禮朝服食禮輕也〔疏〕賓朝至饔禮○注朝服食禮輕○也○釋曰云朝服食禮輕者以其歸饔餼時卿韋弁賓皮弁受此食禮賓朝服受不皮弁故云食禮輕

無擯以己本宜往〔疏〕無擯○注以己本宜往○釋曰云以己本宜往者明主君無故速賓在廟行食禮而有侑幣賓無儐法主君有故致食禮幷有侑幣亦不合有儐故云以己本宜往

明日賓朝服以拜

賜于朝訝聽命賜亦謂食。侑幣〔疏〕注賜亦謂食侑幣〇釋曰云亦者亦上速賓食時拜食與侑幣今亦然故云亦大夫相食親戒速記異於君者也速召也先就告之歸具既具復自召之〔疏〕大夫至戒速〇注記異至召之〇釋曰自此盡大夫之禮論主國大夫食賓之禮別於主君之事云記異於君者案下文其他皆如公食大夫之禮故如自此已下皆記異於君法是以此經大夫親戒速決君不親戒速此則異於君也以其下諸文皆異故云記異於君者也云先就告之歸具既具復自召之者以其戒具兩有皆親爲之故爲此解與鄉飲酒鄉射同故彼二文皆云戒賓既歸布筵設尊乃親速賓是也迎賓于門外拜至皆如饗拜饗大夫相饗之禮也今亡古文饗或作鄉降盥受醬湆侑幣束錦也皆自阼階降堂受授者升一等皆者謂受醬受湆受幣也侑用束錦大夫文也降堂謂止階上今文無束賓止也主人三降賓不從〔疏〕賓止也〇注主人三降賓不從〇釋曰云主人三降者案上文鄭注皆者謂受醬受湆受幣皆自阼階降此鄭云主人三降卽上三者不數主人降盥者案鄉飲酒所言降盥者皆爲洗爵故賓從降此降盥不爲洗爵故鄭不數之案聘禮致饔餼賓降堂受老束錦大夫止注云止不降使之餘尊此賓不降者雖賓主敵以主人降堂不至地故賓止不降也

賓執粱與湆之西序端不敢食於尊處〔疏〕賓執至序端○注不敢食於尊處○釋曰此兩大夫敵故之西序端上公食大夫大夫降階下臣卑故也

主人辭賓反之卷加席主人辭賓反之辭幣降一等主人從從辭賓降

賓受侑幣再拜稽首主人送幣亦然敵也〔疏〕受侑至亦然○注敵也○釋曰案郊特牲云大夫之臣不稽首非尊家臣以辟君也又案左氏傳哀十七年公會齊侯盟于蒙孟武伯相齊侯稽首公拜齊人怒武伯曰非天子寡君無所稽首若然臣於君乃稽首平敵相於當頓首今言敵而稽首者以食禮相尊敬雖敵亦稽首與臣拜君同故也

辭於主人降一等主人從辭謂辭其臨己食

卒食徹于西序端亦親徹東面再拜

降出拜亦拜卒食其他皆如公食大夫之禮【疏】其他至之禮○釋曰云其他謂豆數俎體陳設皆不異上陳但禮異者謂親戒速君則不親迎賓公不出此大夫出大門公受醬湆幣不降此大夫則降也公食大夫大夫降食於階下此言西序端上公食卷加席公不辭此則辭之皆是異也若不親食則公作大夫朝服以侑幣致之作使也大夫有故君必使其同爵者爲之致禮列國之賓來榮辱之事君臣同賓受于堂無擯與受君禮同【疏】賓受于堂無擯○注與受君禮同○釋曰云與受君禮同者聘禮賓受致饔幣云堂中西北面注趨主君之命也堂中西西中央之西此雖無儐受幣亦與之同也

記不宿戒食禮輕也此所以不宿戒者謂前期三日之戒申戒爲宿謂前期一日【疏】記不宿戒○注食禮至一日○釋曰祭祀散齊七日爲戒致齊三日爲宿此則與祭祀異此不宿戒者謂不爲三日之戒又不爲一日之宿故鄭云此所以不宿戒者謂前期三日之戒申戒爲宿謂前期一日者若然必知三口之戒一日之宿若大射前期三日宰夫戒宰及司馬又少牢筮人君有前期一日之宿此

雖人君禮以食禮輕故知有三日之戒一日之宿既無前日之事宜與鄉飲酒鄉射禮同當日爲之故皆不言日數故下注云食賓之朝宿與戒之賓則從戒而來不復召是也

戒不速食賓之朝夙興戒之賓則從戒者而來不復召

不授几異於醴也

疏 不授几○注異於醴也○釋曰決禮賓時公親授几也

無阼席公不坐

亨于門外東方必於門外者大夫之事也東方者主陽

疏 亨于門外東方○注必於至主陽○釋曰案上經甸人亨人之等亨人是士官不得言大夫之事言大夫之事者解亨在門外之禮也燕禮注云亨於門外臣所掌也言臣亦是大夫事少牢廩爨饔爨皆在門外亦大夫事特牲云主婦視饎爨于西堂下者以其無廩人主之故在內若然鄉飲酒雖是大夫之事以其取祖陽氣之始故亦於門內

司宮具几與蒲筵常緇布純加萑席尋玄帛純皆卷自末司宮大宰之屬掌宮廟者也丈六尺曰常半常曰尋純緣也萑細葦也末經所終有以識之必長筵者以有左右饌也今文萑皆爲莞

疏 司宮至自末○注司宮至爲莞○釋曰云司宮大宰之屬掌宮廟者案燕禮云

司宮尊于東楹之西注司宮天子曰小宰聽酒人之成要者也注雖不同其義一也但燕禮司宮云設尊故以小宰解之此司宮設几席故以大宰之屬解之案大宰之下有宮人掌宮中除汙穢之事即此司宮彼不言設几席者以天子具官別有司几筵又有小宰諸侯兼官故司宮兼司几筵及小宰也云丈六尺曰常半常曰尋者此皆無正文案周禮考工記云車有六等之數云軫崇四尺謂之一等又云戈長六尺六寸既建而迆崇於軫四尺謂之二等人長八尺崇於戈四尺謂之三等殳長尋有四尺崇於人四尺謂之四等車戟常崇于殳四尺謂之五等酋矛常有四尺崇于戟四尺謂之六等自軫至矛皆以四尺為差以是約之即知常是丈六尺尋是八尺也云萑細葦者以類言之其實全別是以詩云葭菼注云葭蘆菼薍則葦一名蘆一名葭一名萑一名菼此萑又與莞蒲之莞不同彼莞謂蒲也云有以識之者席無異物為記但織之自有首尾可為記識耳云必以長筵者以有左右饌者賓在戶牖之閒南面上陳饌之時正饌在左庶羞在右陳饌雖不在席上皆陳於席前當席左右其閒容人故謂長筵也

宰夫筵出自東房筵本在房宰夫敷之也天子諸侯左右房

疏宰夫至東房○注筵本至右房○釋曰上云司宮具几筵具之在房

宰夫散之而已天子諸侯左右房以其言東房對西房若大夫士直有東房而已故直云在房也賓之乘車在大門外西方北面立賓車不入門廣敬也凡賓即朝中道而往將至下行而後車還立于西方賓及位而止北面卿大夫之位當車前凡朝位賓主之間各以命數爲遠近之節也〔疏〕賓之至面立○注賓車至節也○釋曰云賓車不入門廣敬也者曲禮云客車不入大門與此同覲禮云偏駕不入王門與偏駕謂同姓金路之等乘墨車以朝墨車亦云不入大門與此亦同云凡賓即朝中道而往者內則云男子由右女子由左車從中央故賓乘車中道云而後車還立于西方者案少儀云僕於君子始乘則式君子下行然後還立注云還車而立以俟其去是還立于西方鄉外云賓及位而止北面者案玉藻云賓立不當門彼亦謂聘使也云卿大夫之位當車前者案大行人云上公立當軹侯伯立當前疾子男立當衡又云大國之孤朝位當車前者則卿大夫立亦與孤同一節兼云大夫者小聘曰問使下大夫立與孤卿同當車前故連言也云凡朝位賓主之間各以命數爲遠近之節者案大行人云上公朝位賓主之間九十步侯伯七十步子男五十步注云朝位謂大門外賓下車及王車出迎所立處又云凡諸侯

之鄉其禮各下其君二等以下及大夫士皆如之若然如諸侯則依命數臣下其君二等則不得依命數矣而云依命數者依命數據君而言其臣依君命數而降之故鄭揔以命數言之也鉶芼牛藿羊苦豕薇皆有滑藿豆葉也苦苦荼也滑堇荁之屬今文苦爲芐疏鉶芼至有滑○注藿豆至爲芐○釋曰云滑堇荁之屬者案士虞記云鉶芼用苦若薇有滑夏用葵冬用荁鄭注云荁堇類也乾則滑夏秋用生葵冬春用乾荁此經云皆有滑不言所用之物故取士虞記解之云之屬者其中兼有葵也贊者盥從俎升俎其所有事疏贊者盥從俎升○注俎其所有事○釋曰直言此者豆亦從下升不言從豆升者贊者不佐祭豆直佐祭俎故云俎其所有事是以上經云三牲之肺不離贊者辯取之壹以授賓若然黍稷亦贊祭不彼黍稷升者黍稷設之在後故也黍稷雖後升先祭者以其先食黍稷後食肉故也簠有蓋冪稻粱將食乃設去會於房蓋以冪冪巾也今文或作幕疏簠有蓋冪○注稻粱至作幕○釋曰簠簋相將簋既有會明簠亦有會可知但黍稷設故卻會於敦南簠盛稻粱將食乃設故鄭云去會于房蓋以冪冪巾也至於陳設冪亦去之經

云有蓄醢者據出房未設而言

凡炙無醬已有鹹和【疏】凡炙無醬○注已有鹹和○釋曰云凡者欲解儀禮一部之內牛羊豕炙皆無醬配之云已有鹹和者若今人食炙然

上大夫蒲筵加萑席其純皆如下大夫純謂三命大夫也孤爲賓則莞筵紛純加繅席畫純也【疏】上大至夫純○注謂三至純也○釋曰經云上大夫不辨命數則子男之卿再命其席亦同下大夫鄭言謂三命大夫者欲見公侯伯之卿三命亦與子男下大夫同公之孤四命其席則異鄭據三命而言云孤爲賓則莞筵紛純加繅席畫純者案周禮司几筵云筵國賓于牖前莞筵紛純加繅席畫純云左彤几與此記三命已下席不同故知彼國賓謂筵孤也無正文故云則也

卿擯由下不升堂也【疏】卿擯由下○注不升堂也○釋曰此謂上擯擯詔賓主升降周還之事故云不升堂

上贊下大夫也上謂堂上擯贊者事相近以佐上下爲名【疏】上贊下大夫也○注上謂至爲名○釋曰案上經云贊者告具於公而贊賓食故云上贊使下大夫爲之

上大夫庶羞酒飲漿飲庶羞可也於食庶羞

宰夫又設酒漿以之食庶羞可也以優賓疏上大夫至可也○注於食至優賓○釋曰案上經云上大夫庶羞二十豆此記人復記之者欲見上大夫食加飯之時得兼食庶羞又食會飯及庶羞之時宰夫更設酒飲漿飲故鄭云於食庶羞宰夫又設酒漿所以食庶羞可也所以然者優賓故也拜食與侑幣皆再拜稽首嫌上大夫不稽首

儀禮卷第九 經一千七百六十 注二千七百八十三 儀禮疏卷第二十六上

元通後今分依要義

大清嘉慶廿一年
用文選樓藏本校

江西督糧道王賡言廣豐縣知縣阿應鱗栞

傳古樓景印